現代と『資本論』

現代と『資本論』／目次

Ⅲ

Ⅳ

I

Ⅰの一　ピケティ『21世紀の資本〈論〉』と『資本論』

（一）

ピケティ『21世紀の資本〈論〉』（タイトル中の〈論〉は、小林による挿入。原題は、邦訳すれば、資本とも資本論とも訳せる）が異例の売行きを示しているという。朝日新聞の記事などによると、この分厚い経済書が、世界で一五〇万部のベストセラーとなり、また、その日本語版（約七〇〇頁、約六〇〇〇円）も、この種の本としては異例の約一三万部にすでに達しているという。

「欧米を中心に、二〇〇年超にわたる税務記録を分析。資本主義経済では資産を運用して得られる利益率（資本収益率）が、働いて得られる所得の伸び（経済成長率）を上回ることを示した。そのため放っておくと、不平等は拡大すると指摘。各国が協調して、所得と資産に対する累進課税制を導入するよう提言する」（「朝日新聞」、二〇一五・一・三〇、キー・ワード）、―これが、その経済書の骨子である。

異例といわれるほどの売れ行きを示す背景には、現代資本主義における資産・所得の格差・不平等の著しい拡大、激化―これが、この本の目玉でもある―があることは言うまでもない。それは資本主義史上、かってないと言っても決して過言ではない。『資本論』がいう「資本主義的蓄積の一般的法則」、いわゆる〝窮乏化法則〟の現代的貫徹そのものである。ソ連・東欧〝崩壊〟（反革命）後の世界史的な一大反動期を迎えて、独占資本が、内外を問わず、いわば資本の本性丸出しに、利潤（搾取）追求に狂奔している結果である。

話題の本のタイトルは、マルクス・エンゲルスの『資本論』を、それなりに意識したものだという。だが、名前は同じ〝『資本〈論〉』〟でも、その中味は、21世紀の『資本〈論〉』と、19世紀の本物の『資本論』とでは、大違いである。

（二）

その理由の第一は、21世紀版には、搾取論が無いことである。資産・所得の格差・不平等は、搾取の現象形態である。いいかえれば、それらを必然的に生み出す根源（本質）は、独占資本による搾取とその強化にある。この意味で、格差・不平等の発生と拡大は、一過性のものではなく、資本主義の根幹に根ざす必然的構造的な問題であり、アベノミクスは、それを増幅しているだけである。

格差・不平等を実証分析し、その拡大傾向に警鐘を鳴らしてみても、搾取論を欠いては、いわば〝画竜点睛を欠く〟である。この点については、拙稿「現象形態と本質—搾取（剰余価値）論の意味するもの—」（「旬刊・社会通信」一一七二号）、「国家独占資本主義と搾取—独占資本による搾取の構図—」（同一一六八号）を参照されたい（本書Iの三）。

第二は、その処方箋である。

当然ながら、搾取の一掃（すなわち社会主義の実現）など眼中にない。日本での講演や取材の中で、消費税の増税に反対姿勢を示したり、「トリクルダウン」（大企業や大資本家が潤えば、それはやがて中小企業や低所得者にも及ぶという俗論）を否定しているものの、肝心の私有財産（独占資本の支配下にある生産手段を含む）制は、きっぱり擁護していることにも示されている。

「私的財産の保護は、個人の自由や経済効率性を高める上で欠かせない。避けなければならないのは、財産が極端に特定の層に集中することである」（「朝日新聞」、二〇一五・二・三）。

要するに、格差の発生・拡大の大本には手をつけない〝対症療法〟である。

先に紹介したキー・ワードにみられるように、処方箋の中心は、資産・所得に対する累進課税制の導入・強化―累進課税の強化は、改良闘争の課題でもあるが―、グローバルな資産課税の導入などである。一般化していえば、税・財政による〝所得・資産の再分配〟、資本主義の〝民主主義的制御（規制）〟等々である。この意味では、依拠している〝理論〟は必ずしも定かではないが、ケインズ理論の流れを汲む〝福祉国家〟論―ないし社会民主主義―の少々ラディカルなピケティ流焼き直しといってよいであろう。

あるいは、ずっと遡《さかのぼ》って、マルクス・エンゲルスとほぼ同期のフランス人学者、ピケティの大先輩にあたるジラルダンの『良い』社会主義」論の現代風焼き直しといってもよいであろう。

（三）

マルクス・エンゲルスによるジラルダン批判―「書評・ジラルダン『社会主義と租税』、一八五〇年」―は、以下の引用文中の「『良い』社会主義」のところに、税制（財政）改革による〝資本主義の民主主義的制御（規制）〟〝福祉国家〟等々を置き換えれば、そのまま事実上のピケティ批判でもある。

「『社会主義には、二つの種類がある。『よい』社会主義と『わるい』社会主義とである。

わるい社会主義、それは『資本にたいする労働のたたかい』である。土地の平等分配、家族の紐帯の廃棄、組織的な略奪など、あらゆる恐ろしい光景は、そのせいである。

よい社会主義、それは『労資の協調』である。無知の除去、極貧状態の原因の根絶、信用の組織、財産の増大、税制の改革、一語でいえば『およそ地上にある神の国について人間がいだく考えにもっとも近い制度』が、そのお供をする。

人々は、わるい社会主義の息の根をとめるために、よい社会主義を用いなければならない。

『社会主義には一つの槓杆がある。予算がこの槓杆であった。しかし、これには世界を動かす支点というものがなかった。この支点を、二月二四日の革命が提供した。普通選挙権がそれである』。

予算の財源は租税である。予算にたいする普通選挙権の影響は、したがって、租税にたいする普通選挙権の影響でなければならない。そして、租税にたいするこの影響をつうじて、『よい』社会主義が実現する。」

「税制改革は、すべての急進的ブルジョアの十八番であり、すべてのブルジョア的な経済的改革の特有の要素である。もっとも古い、中世の素町人から、現代のイギリスの自由貿易論者にいたるまで、主要な闘争は、租税をめぐっておこなわれている。

直接にブルジョア的生産にもとづく分配諸関係、労賃と利潤、利潤と利子、地代と利潤の関係は、租税によっては、せいぜい副次的な点で修正をくわえることができるだけで、けっして、その基礎を脅かされることはない。租税にかんするあらゆる研究と議論は、このブルジョア的諸関係が永遠に存続することを前提としている。租税の廃止でさえも、ブルジョア的所有の発展とその諸矛盾の発展を促進することができるだけであろう」（『マルクス・エンゲルス全集』、大月書店、第七巻、二八八、二九三頁）。

※ピケティの全体像については、「旬刊・社会通信」一一八四、一一八五号の原八峰氏による連載訳文―「ノイエス・ドイッチュランド」紙より―を参照されたい。

（初出・「旬刊・社会通信」一一八九〈二〇一五・四・一七〉号）

Iの二　『資本論』を、どう読むか——経済学の方法と「宇野理論」——

(一)

一

「『資本論』に対する誤解の多くは、この本の著者が、資本主義の運動法則を、どういう態度でつかまえようとしたかについて、充分に考えないことから起る。

『資本論』を書いてある通りに読みさえすれば、別に方法論など書かなくてよく分る。『資本論』の方法は、他の何処におけるより『資本論』自身の中にあるわけであるから。

正岡子規の晩年の句に、『雞頭の十四五本もありぬべし』というのがある。私の解する通りの意味かどうかよく分からないが、私は、この句のような態度で、『資本論』を読んだらどうだろうと人にすすめたことがある。『資本論』の文字の内容にごく自然にじかに接触するような気持で読めといったつもりである。我々は、しかし、雑多な既成の知識なくして『資本論』に接するわけではない。この既成のものは、『資本論』の理解の土台となると共に、その妨げともなる。そこで、私は、子規のさきの句のように、さらっと読むつもりになって、独りよがりのもってまわった説明からなるべく脱却して、じかに『資本論』に触れたがよいと言ってみるわけである」(向坂逸郎『経済学方法論』、一九四九年、河出書房、第一分冊の序)。

「マルクスの経済学説の理解には、弁証法的唯物論（唯物史観）に関する理解が前提されている。われわれは、『資本論』の研究が、同時に最もよい弁証法の勉強であると信じている」（向坂逸郎『経済学の方法』、一九五九年、岩波書店、一五三頁）。

いきなり引用から書き始めて、恐縮であるが、ここで向坂が言う、子規流の雛頭観察の態度―この中に、『資本論』を、どう読むか（あるいは読むべきか）、『資本論』の方法（あるいは経済学の方法）とは何であり、どう会得すべきか、がいわば凝縮して示されてる、と言ってもよいからである。

筆者も、学部学生時に向坂ゼミに参加して以来、この子規流を疑いもなく信じ込み、お付き合いし続けて今日まで約六〇年、時を経るとともに、納得が増す、というのが経験的実感である。子規流とは、漫然と読むという意味ではない、ことは言うまでもない。問題意識を念頭に置きながら、いたずらに詮索せず、素直に、考えながら読む、ということである。

二

周知のとおり、日本におけるマルクス経済学は、系譜的にいえば、労農派と講座派の二つの流れがあり、両者のあいだで、日本資本主義論争と呼ばれる大論争が展開された。論争の集約点は、とりわけ明治維新の評価――ブルジョア革命か、絶対王制の再編か――にあった。

本稿で取りあげる「宇野理論」は、広い意味では、労農派の系譜に属するといってよいが、『資本論』（あるいは経済学）の方法――簡単にいえば、論理展開の筋道――という点では、向坂を中心とする、いわば労農派の主流とは、大きな違いがある。たとえば、ある辞典（有斐閣『経済辞典』、第五版、二〇一三年、五八頁）は、こう解説している。

「唯物史観や社会主義的イデオロギーを科学としてのマルクス経済学から排除するとともに、原理論・段階論・現状分析からなる宇野三段階論を提唱した。独特の解釈に基づいて再編成されたマルクスの経済学を原理論、段階論、現状分析に分け、原理論の科学性の根拠を純粋理論の体系的完結性に求め、経済学からイデオロギー的性格をとり除き、マルクス経済学と社会主義との必然的連関を否定する、などの特徴を持っている」。

ほぼ的を射た辞典流の解説といってよいであろう。これをみても、方法論という観点からみた「宇野理論」の特異性が明白である。先の子規流とは、いわば真反対である。ただし、「宇野理論」系といっても、その具体的な理論的中味は、論者によって大きな差違があり、十把一絡げに論ずるのは、必ずしも正しくないであろう。だが、ほぼ共通して基本的に依拠する「宇野理論」、そのいわば元祖・宇野弘蔵氏自身の所説に関する限りは、ほぼ辞典の解説どおりと言ってよい。

三

「宇野理論」については、十分とはいえないが、筆者も、これまで二度ほど書いたことがある。「大内力氏の新〝社会主義〞論批判」というタイトルで、「旬刊・社会通信」第四二号（一九七九年一二月）から、八回連載で書いたのが、その一つである（後に、拙著『現代の改良主義批判』、十月社、所収）。「分権的・自主管理型」社会主義と称する新〝社会主義〞論を主張されるに際して、氏が、「宇野理論」のいわば一大原点にまで立ち戻って、立論されたからである。

ここでいう一大原点とは、生産の社会的性格と所有の私的性格の矛盾をもって、資本主義の基本的矛盾とする通説を批判し、これに対置して、「労働力の商品化」を資本主義の基本的矛盾と捉える特異な見解である。「宇野理論」の全体像を簡単に紹介・批判しつつ、この点を中心に批判的検討を加えたのが、第一論稿である。

「〝科学より空想へ〟!?」と題して、読後感風に述べたものが、二つ目である（大内兵衛・向坂逸郎編『唯物史観』、第一二号、河出書房、一九七三年）。「原理論」「段階論」「現状分析」という「三段階論」に象徴される、「宇野理論」独特の方法論のエッセンスを紹介しつつ、批判的コメントを軽く付したものである。エンゲルスの『空想より科学へ』を捩《もじ》って、この稿に「〝科学より空想へ〟!?」と題した所以《ゆえん》を、結びで、こう述べている。

「こうしてみると、かつて社会主義は、マルクス・エンゲルスによる『唯物史観と剰余価値との発見によって科学となった』のであるが、いまそれは宇野理論によって、ふたたび『空想へ』ひきもどされた、というのははたしていいすぎであろうか（前掲誌、一九一頁）。

今回は、諸事情あって間があきすぎたが、以上二つの旧稿の事実上の補足的つづき——主として、『資本論』（経済学）の方法という観点からみた——である。『資本論』を読むうえで、反面教師ともなると考えたからである。

（二）

一

『資本論』を、どう読むか——『資本論』（経済学）の方法が、本稿の主題である。方法とは、簡単にいえば、論理展開の筋道であるが、具体的にいえば、一言で弁証法的唯物論（唯物史観）である（この点については、マルクス『資本論』、「第二版の後書」、文庫版、第一分冊、二六～三三頁、参照）。あるいは、エンゲルスにしたがって、『資本論』の論理の展開に、より即した言い方をすれば、「歴史的・論理的」な方法である（『資本論綱要』に収録の書評・マルクス『経済学批判』、向坂訳、岩波文庫、三二四〜三二五頁）。どちらかといえば、言葉に馴染《なじみ》が薄い分、えらく難解に聞こえるが、それは〝食わず嫌い〟の類《たぐい》に近い。

向坂がいうとおり、「『資本論』を書いてある通りに読みさえすれば、別に方法論など書かなくてもよく分かる。『資本論』の方法は、他の何処におけるより『資本論』自身の中にあるわけであるから」。

「マルクスの経済学の理解には、弁証法的唯物論（唯物史観）に関する理解が前提されている。『資本論』の研究が、同時に最もよい弁証法の勉強である」（引用文献については、（一）参照）。

したがって、『資本論』そのものを熟読する―ただし、子規流の態度を一貫して―ことが、同時に、弁証法的唯物論（「歴史的・論理的」方法）を会得する最良の勉強法でもある。だが、『資本論』を、正しく、かつヨリ効果的に読むために、向坂『経済学の方法』（岩波）（マルクス・エンゲルス・レーニンの関連文献も巻末に挙げてある）、向坂『労働者の世界観』（労大新書）の併読をお勧めしたい。

二

ところで、問題の「宇野理論」とその方法は、向坂がいう子規流とは、いわば正反対であることを（一）でふれておいた。中味を一言でいえば、弁証法とは対照的な思弁（観念）的形式論である。そのことが、もっとも象徴的かつ集約的に示されているのが「原理論」である。

「原理論」は、事実上、『資本論』の組み替えであるが、形（篇別構成）も然《さ》る事ながら、最大の問題は、その中味の組み替えである。触《さわ》りの部分を先ずは紹介しておく。

「エンゲルスは『唯物史観と、剰余価値による資本主義的生産の秘密の暴露とは、実にわれわれがマルクスに負うところである。社会主義はこれによって一つの科学となった』といっていますが、『資本論』によってもマルクス主義が科学になったわけではありません。多くのマルクス主義者諸君は今もなおマルクス主義は科学であるといっていますが、これは誤りです」（『資本論の経済学』、岩波新書、一六九頁）。

「『資本論』の説く社会主義の必然性には私は根本的な疑問をもっている」（同、一八二頁）。

「原理論」では、「永久的に繰返すかの如くにして展開する諸法則」（宇野『経済原論』二二六頁）を「いわゆる円環体系」（『資本論の経済学』五九、六四頁）としてとらえなければならない。

この観点から見ると、『資本論』には多くの「夾雑物」や「不純物」が「混淆」しており、したがって、『資本論』自身が原理論として純化されること」（前掲『経済原論』一一頁）が必要である。そうした「夾雑物」「不純物」の最たるものがいわゆる〝窮乏化法則〟である。「マルクスのように労働者階級の窮乏化を資本主義的蓄積の絶対的な一般的な法則とするのは、むしろ十九世紀の三、四十年代のイギリスにみられた旧来の手工業の没落という特殊の事情を無視して一般化したもの」（前掲『資本論の経済学』三〇頁）であり、したがって、せいぜい〝窮乏化法則〟は「理論的体系としては附録的なものといってよい」（同、一八二頁）。

みられるとおり、『資本論』と「原理論」における、理論の展開の仕方・方法の対照性が明白であろう。一方、量の蓄積から質への転化を中心とする弁証法的論理の、随所に一貫する展開に対して、他方、「永久的に繰返す如くにして展開する」「円環体系」として、いわば同じ軌道上で「永久的な循環運動をくりかえす」論理の展開。

こうした「原理論」の非弁証法的な論理展開を基準にすれば、『資本論』には、多くの「不純物」「夾雑物」が「混淆」しているようにみえるのは当然の帰結である。したがって、それらの除去による『資本論』の「純化」が必要となる。この産物が他ならず宇野「原理論」である。そして、その「不純物」「夾雑物」の最たるものが、『資本論』の理論的核心というべき「資本主義的蓄積の一般的法則」（〝窮乏化法則〟）となる。そうかといって、社会主義の歴史的必然の〝論証〟は、三段階論のどこにもない。

三

これまで、再三触れてきたとおり『資本論』の方法とは、一言で弁証法的唯物論に他ならないが、逆にまた、弁証法的唯物論は、『資本論』によって、科学的に肉付けされたとも言える。以下に引用する向坂「方法」論の結論部分の論述―「円環体系」としての「原理論」を十分に意識した―は、同時に、事実上の「宇野理論」批判でもある。

「『資本論』は、資本主義のもつ基本的歴史的性格の論理を追究したものである。この意味で、論理的であると同時に、その論理が歴史的に限定されている。

しかし、マルクスの歴史的論理的方法は、ここにとどまらない。あくことのない発展としての論理は、資本主義的蓄積の一般的法則の展開を生まざるをえない。

資本主義社会の歴史的性格の論理を、どこまでも推しすすめて行くと、この性格のぎりぎりのところに達する。資本主義的商品生産の内部から、それ自身を否定する要素が成長しているのを認識する。『資本論』の第七篇は、ことにその第二十三章『資本主義的蓄積の一般的法則』は、資本主義が、その限度内で、どこまで発展するかを示している。発展は、一日といえども中止されることはない。したがって、『資本論』が『近代社会の経済的運動法則』を明らかにしているにしても、それは、単純なる法則のくり返しとしてなされているのではない。純粋なるくり返しを考えることは、弁証法的思考の許すところではない。

資本主義も発展している。資本主義の経済的運動法則は、くり返しとして見える。しかし、実はくり返しではない。資本主義的蓄積の一般的法則は、一方では、資本の蓄積、集積、集中として現われるが、他方では、窮乏の蓄積、集積、集中として示される。『この転形過程のあらゆる利益を横領し、独占する大資本家の数の不断の減少とともに、窮乏、抑圧、隷従、堕落、搾取の度が増大するのであるが、また、たえず膨脹しつつ、資本主義的生産過程そのものの機構によって訓練され結集され組織される労働者階級の反抗も増大する』。

だから、資本の運動は単なるくり返しではない。量的な発展なのである。量的な発展が、質的な発展に転化する。この転化は、人間の行動である。ただ、人間の行動は、資本主義的蓄積の一般的法則の認識にもとづいて、この法則のもつ条件にしたがって、歴史をつくる。それゆえに、資本主義は、シュムペーターのいうように、どんな社会を生むかに関係なく、ただ崩壊するのでなく、資本主義の内在的法則のつくりだした条件にしたがって、社会主義を成立させる。社会主義の必然が資本主義の中にあるのである（『経済学の方法』、一四三～一四七頁より、抜粋引用）。

(三)

一

これまで再三指摘してきたとおり、『資本論』（経済学）の方法とは、一言でいえば、弁証法的唯物論（「歴史的・論理的」方法）に他ならない。

「弁証法的唯物論が、マルクス的世界観の方法となる。『弁証法の諸法則は、自然の歴史並に人類社会の歴史から抽象されるものである。しかしながら、この諸法則は、かかる歴史的発展の両局面の、ならびに思惟そのものの最も普遍的な法則にほかならない』(エンゲルス『自然の弁証法』岩波文庫(上)七九頁)とエンゲルスはのべている。

このように、われわれの唯物論は弁証法的であるほかない。弁証法的唯物論は、自然と社会の発展から抽象された思惟の法則である。したがって、弁証法は、ここでは実在から独立せる観念ではない。実在の造物主ではありえない。自然および社会の運動の形式であり、したがってまた思惟そのものの法則でなければならない。われわれの認識は弁証法的であらざるをえない」(向坂『経済学の方法』、六五〜六六頁)。

「『資本論』の方法は、資本の歴史性の認識とこの歴史性の論理の追求という意味において歴史的論理的であり、この追求が、資本主義そのものの否定の論理の発見に到達して、無限の社会的発展を明示するという意味において、また歴史的論理的なのである。それは社会における『発展の思想』、いいかえると唯物弁証法的方法のもつ当然の帰結である」(同上、一四八頁)。

二

『資本論』(経済学)の方法は、現代資本主義を歴史的に特徴づける独占資本の成立と支配についても、適用できるし、また一貫して適用されなければならないことは、当然である。

マルクス・エンゲルスは、『資本論』の中で、「資本主義的蓄積の一般的法則」の進展、資本の集積・集中の進展の必然的産物として、独占資本の成立をつとに明らかにした(第一巻、第七篇、第二三章の第四節 相対的過剰人口の種々の存在形態。資本主義的蓄積の一般的法則、ならびに第二四章の第七節 資本主義的蓄積の歴史的傾向)。また、今日でも、独占資本(大企業)の代表的企業形態をなす株式会社についても、その階級的・歴史的本質を見事に理論的に予言している(第三巻、第五篇、第二七章 資本主義的生産における信用の役割)。

このマルクス・エンゲルスの方法と理論を正統に継承して、独占資本（主義）論を本格的に展開したのがレーニンであった。

「半世紀まえにマルクスが『資本論』を書いたときには、自由競争は、圧倒的多数の経済学者にとって『自然法則』のように見えた。マルクスは、資本主義の理論的および歴史的分析によって、自由競争は生産の集積を生みだし、この集積はその発展の一定段階では独占に導くということを証明したが、官学はこのマルクスの著書を黙殺という手段によって葬りさろうと試みた。だが、いまや独占は事実となった。…生産の集積による独占の発生は、総じて資本主義の現在の発展段階の一般的、根本的な法則なのである」（レーニン『帝国主義』、正式な原題は、「資本主義の最高の段階としての帝国主義」、岩波文庫、三四〜三五頁）。

「この過程で経済的に基本的なのは、資本主義的自由競争に資本主義的独占がとってかわったことである。自由競争は資本主義と商品生産一般との基本的特質であり、独占は自由競争の直接の対立物である。ところが、この自由競争は、大規模生産をつくりだし、小規模生産を駆逐し、大規模生産を最大規模の生産によっておきかえ、生産と資本の集積を、そのなかから独占がすでに発生し、また現に発生しつつあるというほどに導き、こうして、いまやわれわれの目のまえで独占に転化しはじめたのである。しかも、これと同時に、独占は、自由競争から発生しながらも、自由競争を排除せず、自由競争のうえに、これとならんで存在し、そのことによって、幾多のとくに鋭くて激しい矛盾、軋轢《あつれき》、紛争を生みだす。独占は、資本主義からより高度の制度への過渡である」（同上、一四四〜一四五頁）。

「帝国主義は、その経済的本質からすれば、独占資本主義である。帝国主義の歴史的地位は、すでにこのことによって規定されている。なぜなら、自由競争を地盤として、しかもほかならぬ自由競争のなかから成長してくる独占は、資本主義制度からより高度の社会経済制度への過渡だからである」（同上、一九九頁）。

三

レーニンいわく、資本の蓄積、集積と集中の進展の結果、その一定段階において、自由競争は、その対立物である独占資本を生みだす。だが、独占資本は競争を排除せず、いなむしろ新たな形で競争を一層激化させ、それによって幾多の鋭く激しい矛盾、軋轢、紛争、等々を生みだす、云々―これ正に独占資本成立の弁証法である。観念的形式論では、競争と独占は、あれかこれかの、〝二者択一〟の問題でしかありえない。

対するに「宇野理論」は、どうか。

すでに前に述べたとおり、『資本論』を事実上組み替えた「原理論」は、非弁証法的な「円環体系」であることを理論的特徴とする。言ってみれば、〝堂々めぐり〟の理論、論法の体系である。同じことの繰り返しだけで、少しも先に進まない。したがって、独占資本も生まれえない。資本主義の「永遠性」は論証できても、独占資本の成立の論証は不可能である。ましてや社会主義は、〝選択〟の可否の問題とはなりえても、社会主義の歴史的必然性の論証は、不可能である。

そこで「宇野理論」は、「原理論」から、いったん問題を切り離したうえで、資本主義の「生成・発展・変質」を対象とする「段階論」を設定する。さらに、これら「原理論」「段階論」を踏まえて、各国ならびに世界の現状の分析を対象とする「現状分析」論を設定する。これらの中味の詳細について、興味と関心のある読者は、拙稿「〝科学より空想へ〟!?」(『唯物史観』、第一二号所収、一九七三年、河出書房)を参照していただければ幸いである。

また、これまで紹介してきたマルクス・エンゲルス、レーニンそして向坂(社会主義・平和革命論を含む)による『資本論』(経済学)の方法と理論を、いま現代の資本主義に、どのように適用するか、あるいは適用すべきか、については、十分とは言えないが、拙稿「独占資本と国家独占資本主義」(「旬刊・社会通信」、号外、一四年一月一日)―本書、Ⅱの一を参照されたい。その理論的な基本骨格は、粗方《あらかた》示しているつもりである。

こうして、『資本論』の最善、最高の読み方は、Ⅰの二の冒頭で紹介した、子規流の雞頭観察の態度を一貫することに尽きるといってよい。これが本稿の結論である。

(初出・「旬刊・社会通信」、一一八三、一一八六、一一八七号)

Iの三　国家独占資本主義と搾取

（一）現象形態と本質―搾取（剰余価値）論の意味するもの―

「もし事物の現象形態と本質とが、直接に一致するならば、一切の科学は不要であろう」―これは、マルクス・エンゲルスならびにレーニンが遺した至言のなかで、筆者が、しばしば愛用（援用）してきた文言の一つである（向坂逸郎訳『資本論』、岩波文庫版、九分冊、一二頁）。

逆説的な言い回しだが、「現象形態（あるいは単に現象）と本質とが、直接に一致するならば、一切の科学は不要」、という。言い換えれば、多くの場合、現実には、自然、社会を問わず、「現象形態と本質とが直接に一致する」ケースは、むしろ稀《まれ》であるから、事の本質を正しく把握、理解するためには「科学」が必要である。したがって、本物の学習とその継続が必要である、ということでもある。

社会と歴史に関していえば、そのための最高かつ基軸となる「科学」の書が、言うまでもなく『資本論』である。エンゲルスが、「この二大発見、すなわち唯物史観と、剰余価値による資本主義的生産の秘密の暴露とは、われわれがマルクスに負うところである。社会主義はこの発見によって一つの科学となった」（『空想より科学へ』、大内兵衛訳、岩波文庫、六三頁）と言う場合の「科学」の意味合いも同様である。

二

さらに関連して、マルクスは、こう述べている。

「資本の一般的にして必然的な諸傾向（本質……引用者）は、この傾向の現象形態とは区別されるべきである。資本主義的生産の内在的法則が資本の外的運動に現われ、競争の強制法則として貫かれ、したがって推進的動機として個々の資本家の意識に上る仕方は、いま考察されるべきことではないが、しかし、次のことだけは初めから明らかである。すなわち、競争の科学的分析は、資本の内的本性（本質）が把握されるときに初めて可能なのであり、それは、天体の外観的運行が、その実際の、しかし感覚的には知覚されえない運動を知る者にのみ理解されうるのと、全く同じである」（『資本論』、同二分冊、二三九〜二四〇頁）。

「商品市場で直接に貨幣所有者に相対するものは、実際には、労働ではなく労働者である。労働者が売るものは、その労働力である。彼の労働が現実に始まるや否や、それはすでに彼のものではなくなり、したがって、もはや彼によって売られることはできない。労働は価値の実体であり、価値の内在的尺度であるが、それ自体は何らの価値をももたない。

『労働の価値』という表現においては、価値概念が全く消し去られているのみではなく、その反対物に顚倒されている。それは一つの想像的表現であって、たとえば土地の価値というようなものである。しかし、これらの想像的表現は、生産関係そのものから生ずる。それらは本質的な諸関係の現象形態を示す範疇である。現象においては事物が往々逆に表示されるということは、経済学を除いては、すべての科学において、かなりよく知られていることである」（同三分冊、五二一〜五二三頁）。

三

上掲引用文にある「天体の外観的運行」云々というのは、言うまでもなく、天動説、地動説の話である。太陽と地球との「本質」的な関係は、その「外観的運行」すなわち「現象形態」においては、幾度見ても、あるいは見れば見るほど、天動説が正しいとしか思えない。「現象においては、事物が往々逆に表示される」典型的な一例である。地動説への確信は、「現象」をいくら観察しても生まれえない。「科学」によって、その「本質」、すなわち「実際の、しかし感覚的には知覚されえない運動を知る者にのみ理解されうる」。

社会・歴史の分野で、「現象においては、事物が往々逆に表示される」典型例が、労働と労働力をめぐる問題である。賃金は、本質的には労働力の対価であるが、現象においては、労働の対価としか見えず、したがって搾取は存在しないかのように見えるからである。

現代のすべてのブルジョア「俗流経済学」の賃金論も、また労働関係法令と実際の賃金算定も、そして人々の〝常識〟的な賃金観も、いわば天動説流の賃金観の上に立っている、といってよい。つまり、賃金＝労働の対価（労働全体にたいする支払い）とみなすことによって―高いか低いかは別として―、肝心要の搾取（資本による剰余労働、剰余価値の取得）が、完全に隠蔽されている。それどころか正に「反対物に顚倒されている」。〝職能〟や〝成果〟（残業代ゼロ法案）が賃金算定に加味されればされるほど、ますますもって、そうである。

格差、低賃金、窮乏などについても同様である。これらは、搾取の産物であると同時に、そのヨリ具体的な、「現象（発現）形態」でもある。したがって、これらは、相当程度まで、「感覚的」に誰しも「知覚」できる。だが、資本とりわけ独占資本による搾取とその強化の「現象（ないし発現）形態」である、ということは、理論的に「科学」しなければ真に「知覚」できない。また、その根本的な解決は、搾取の廃絶なしには不可能であるという「知覚」については、尚更である。

資本主義的搾取（剰余価値）論は、いうまでもなく、階級対立と階級闘争、階級的労働・社会主義運動、科学的社会主義の正しく揺《ゆ》るぎない理解にとって、決定的意義をもっている。唯物史観と剰余価値の「二大発見」によって、社会主義が「科学」となった、とエンゲルスが述べているとおりである。

労使協調の右翼（日和見主義）的労働運動に、搾取論が欠如していることは言うまでもない。それどころか、独占資本と労働者の利害は、原則一致の立場に立っている。また、いわゆる市民運動や社会民主主義と階級的労働・社会主義運動との、運動上の基本視点や態度の差違―統一戦線という次元では差違はなくとも―も、その根因を辿れば、詰まる所、搾取論の正しい認識の有無如何に根ざしている。

（初出・「旬刊・社会通信」、一一七二号）

（二）独占資本による搾取の構図

一

国家独占資本主義としての現代資本主義において、独占資本による搾取は、どのように行なわれているのか。以下に列挙した(1)〜(4)は、独占資本による搾取の構図、つまり、その全体像を大略示した一覧である。

(1)「本源的搾取」〔『資本論』、第三巻、文庫版（七）、四五一頁〕―生産過程（職場・生産点）での搾取―

(2)「副次的搾取」〔『資本論』、同上〕①―流通過程での（独占価格による）追加搾取―

(3)「副次的搾取」②―国家権力を介した追加搾取（マルクス「フランスにおける階級闘争」、全集、第七巻、八一頁）―

⑷国際的搾取　―搾取の〝グローバル〟化―

以下は、上記各項についての必要最小限の補足説明である。本誌読者におかれても、必要に応じて補強、補足を加えつつ、活用していただければ幸いである。

⑴搾取そのものは、あらゆる階級社会に共通する事象である。資本主義的搾取の歴史的特徴は、労働力が商品化され、そしてそれが価値・価格の一般法則にしたがって、等価で交換されても、いわば合法的に搾取される仕組みになっていることにある。つまり、現象的には搾取は存在しないように見えて、実質的には、搾取が厳然と存在する、と言い換えてもよい。このことは『資本論』が―そして『資本論』だけが―完璧に論証しているとおりである。最大限の利潤（剰余価値）の取得が資本の一般属性であるから―独占資本相互の内外における競争が激化している現代では、なおさら―独占資本による搾取は本質的に止まることを知らない。

だが、現代資本主義の下では、労働力の対価すなわち賃金は、労働力商品の価値の等価より、はるかに低い水準が常態化し、それだけ搾取の度が増大している。押し並べて、現実の賃金は、労働力の対価、平たく言い換えれば、「健康にして、文化的な生活」を維持できる水準（等価）より、はるかに低い実態にある、といってよいからである。

その理由の第一は、「産業予備軍」としての失業・半失業が、好・不況に関係なく慢性化し（「IT革命」を中心とする「合理化」の大規模、急激な進展が主因）、このため労働力商品をめぐる需給関係が、常時、いわゆる〝買い手市場〟となっていること。第二に、そしてこれが決定的というべきだが、労組の組織力（組織率二〇％未満）と闘争力（中心指導部の実質的〝崩壊〟）が、戦後最低の状態に低迷し続けていることである。

賃金の切り下げ以外にも、〝買い手市場〟に付け入った「非正規労働者」など低賃金・不安定雇用の拡大、要員削減下の長時間労働、労働強化などによる搾取も強まっている。事態は、他の「先進諸国」についても、大同小異といってよい。

とりわけ最悪なのは、労働者全体の七割弱を占める中小企業労働者である。

「東京証券取引所に上場される企業は三三〇〇社、親会社が子会社、孫請け会社を連結企業として垂直的に支配する。中小企業の多くは下請け孫請け以下であるから、親会社に支配される。中小企業の資本家は独占企業の支配・搾取から〝自由〟でない。中小企業労働者の賃金・労働条件が低劣なのは、独占企業と中小企業主の二重の搾取の結果に他ならぬ。独占資本の支配を脱しないかぎり、中小企業労働者と大企業労働者の『格差』はなくならない」（『旬刊・社会通信』一一六三号、一〇頁）。

こうして、労働者全体が、大企業・中小企業を問わず、独占資本による搾取下におかれている。

二

独占資本による搾取の⑵、⑶を、「副次的」ないし「追加的」と呼ぶのは、理論的にいって、⑴の「本源的」搾取と対比して、いわば第二次的なプラス・アルファの搾取を意味しているからである。

⑵『資本論』（第三巻、第一、二篇）が、明快に論証しているとおり、独占資本が未だ成立、存在せず、諸資本間に自由競争が基本的に維持されている場合には、市場価格は「生産価格」となり、また剰余価値は、資本額に応じた「平均利潤」として、分配・取得される。だが、少数の巨大企業としての独占資本が主要産業分野に成立すると、生産と市場にたいする独占的支配力によって、価格を「生産価格」以上につり上げ（あるいは生産性向上によって、コス

トや価値が大幅に下がっているにもかかわらず、価格は下げない）ことにより、「平均利潤」を超える超過利潤を取得する。これが独占利潤である。その反面、多くの中小資本は、自由競争というより〝過当競争〟下にあり、「平均利潤」の取得すら容易ではない。

少数の巨大企業としての独占資本は、直接消費財（自動車、家電など）だけでなく、主要な原料・資材・エネルギー等も支配下に治めているから、ほぼすべての商品・サービスに独占利潤相当分が多かれ少なかれ含まれているとみてよい。言い換えれば、労働者はもちろんのこと、農漁民・小企業者（小規模な生産手段を含む）など含め、すべての勤労国民が、独占利潤による追加搾取の対象下に置かれていることを意味している。

(3)「『総資本』としての国家による搾取を、あえて追加搾取とよぶのは、流通過程をつうじる独占価格による追加搾取がそうであるように、『生産過程自体で直接に行われる本源的搾取』と対比して、文字どおり追加的な『副次的搾取』―国家を介した『総資本』による追加搾取―を意味しているからである。そして事実、資本主義の国家財政は、国家による国民所得の再『分配』という形態をとりつつ、そのあらゆる手段を動員して、すなわち租税（税制）、公債、経費、『公共』企業、財政投融資さらには地方財政をも動員して、追加搾取を強化し、それによって、資本蓄積を援助し保管し促進する。そしてこれは、現代の国家独占資本主義において頂点に達する」（拙著『マルクス主義財政論』、新評論、一三六頁）。

租税（課税）を追加搾取と理論的に捉えることに奇異の感を抱く人があるとすれば、それは、これまで天動説に馴染んできた人が、地動説に出会《でくわ》したのに似ている。租税は、〝国民共通の必要を充足するための分担金、拠出金〟という見方に長く慣らされてきたからである。

必要な国家経費は、理論的には、すべて剰余価値部分（これを課税対象とする租税）で賄われるべき性格のものであるが、(注)現代国家は、総資本、より正確には総独占資本であるから、必然的に、可能なかぎり大衆負担で賄おうとする。したがって、大衆課税の強化、いわゆる不公平税制が必然的傾向となる。所得逆進性の消費税の導入・引き上げはもちろん、所得税・地方税（所得税の地方版）の大衆課税化、さらには「社会保障負担」（社会保険料）、「公共」料金という名の実質的な追徴課税の強化、等々がそれである（詳しくは、拙著『現代租税論の再検討』、『財政学要説』、税務経理協会参照）。

また、国家（政府）・中央銀行（日銀）による一連の金融政策―たとえば、「異次元緩和」と称するインフレ（脱デフレ）政策によるいわば人為的な物価のつり上げ、それによる実質的賃金・年金等の切り下げ―反面で、株高と円安による独占資本の増収増益―、大衆預貯金金利の大幅な引き下げと据え置き等々も、国家を介した現代的な追加搾取の重要な一環である。

最後に、(4)は国境を越えた独占資本による搾取の〝グローバル〟な外延的拡大である。反独占・反帝国主義の国際連帯の経済的基盤をなすことは言うまでもない。

（初出・「旬刊・社会通信」、一一六八号）

(注) 社会主義国・キューバでは、教育、医療、福祉などが、国民に無償で提供されているが、このための必要経費には、いわば剰余価値相当分が、事実上、充当されていると見做なしてよい。

Iの四 「福祉国家」論の階級制

(一)

いわゆる「福祉国家」論が、昨今、内外を問わず、様々な形で再び復活の兆しをみせ始めているように思われる。その背景をなしているのは、第一に、マルクス・レーニン主義(あるいは、ソ連・東欧の「崩壊」といい換えてもよい)の誤った清算主義的な総括である。「崩壊」の主体的要因の最大のものは、実際には、主として党の中枢指導部における科学的社会主義＝マルクス・レーニン主義の基本原則からの逸脱・後退と変質にあったにも拘らずである。(この点については本書のⅣ参照)。ここに、〝新しい社会主義〟像を追い求める気運とともに、広い意味でその一環(いわば、社民的〝社会主義〟像)としての、「福祉国家」論が再登場する背景がある。第二に、かつてソ連・東欧の社会主義に対抗して、社会主義をめぐる国際的論争を二分する勢いで流行った、いわゆる「ユーロ・コミュニズム」や「分権的・自主管理型社会主義」等々も、今やまったく権威を失い、瞬くまに消失してしまったことである。これも、新「福祉国家」登場の背景の一つといってよいであろう。「アナリティカル・マルクス主義」者を、その提唱者の一部とする昨今の「ベーシック・インカム」論の登場は、この系譜の新たな流れといってよいであろう。

背景の第三が、とりわけ今次(二〇〇八年)の国際金融危機・世界同時恐慌の勃発以降、国家独占資本主義の矛盾と危機が、いちだんと深まって、勤労大衆の生活・生存権が著しく脅かされ、その結果、資本主義にたいする勤労大衆の自然発生的な批判や不満が、深く広く生みだされていることである。

ソ連・東欧「崩壊」後の現代は、一大反動期とはいえ（本書Ⅱの四参照）、世界史的尺度からいえば、現在も資本主義から社会主義への移行期にあることに依然として変りはない。国家独占資本主義と独占資本にとって、勤労大衆の批判や不満が、中南米やアフリカにみられるように、大きなうねりとなって燃え上がらない保証はどこにもない。大衆意識の社会主義への志向を抑え、体制内に懐柔する必要性は、高まることはあっても、無くなったわけではない。ここにも「福祉国家」論の再復活の背景がある。ブルジョア・マスメディアが、これまでもそうであったが、今も新「福祉国家」論を、直接間接、支持ないし肩入れする姿勢をとっていることが、何よりの証左といってよい。


〈注〉『平成二四年版厚生労働白書』は、その第二章で、「先進資本主義各国」を「福祉国家」と規定し、「福祉レジーム」の相違により、「三つの類型」に分類している。⑴「自由主義レジーム」～アメリカ、イギリスなど、⑵「社会民主主義レジーム」～スウェーデン、デンマークなど、⑶「保守主義レジーム」～ドイツ、フランスなど。日本が目指すべきものは、「国家」「共同体」「市場」の「最適な組み合わせ」をもった「福祉国家」という。

なお、この下敷となっていると思われるE・アンデルセンは、上記の⑴を「新自由主義的福祉国家」、⑵を「社会民主主義的」、⑶を「家族主義的」と呼んでいる。

（二）

かつて筆者は、旧日本社会党の『中期経済政策』を批判した拙稿（大内兵衛・向坂逸郎編集『唯物史観』、第一二号、一九七三年所収）のなかで、政策論と関連して、「福祉国家」論を事実上批判したことがある。ほぼ四〇年も前のことになるが、ここでの批判の中身は、今日でも古くなってはいない。

ついでに、一言補足しておけば、社会民主主義を党是とする現在の社民党が、「福祉国家」論を提唱するのは、社会民主主義の理論的本質が、社会主義的側面と資本主義的側面を併せ持つ二元論的性格からいって、論理的に整合している。だが、労農派マルクス主義に立脚する社会主義協会が、「福祉国家」論を提唱するとすれば、社会民主主義協会に改組するのでないかぎり、背理であることは言うまでもない。

やや長くなるが、拙稿の触りの部分を引用しておきたい。「『中期』経済政策の目標は、『試案』によると、『日本経済のこれまでの構造を新しい経済システムに変革』して『新しい成長メカニズム（構造）』すなわち『福祉型成長メカニズム（構造）』を『確立』する『道程』にほかならない、という。しかも、こうした『福祉型成長メカニズム』の『確立』は、『資本主義という体制のワクの中で実施されるもの』であり、そしてそれは、国民経済レベルならびに企業レベルにおける、政策的な『誘導』『介入』『規制』『参加』によって実現可能だというのである。これは、紛うかたなき事実上の〝福祉国家論〟である」。

「いうまでもなく、今日、『資本主義という体制のワクの中』ということは、主要な生産手段が独占資本の私有（独占資本による事実上の共有を意味する資本主義的国有もふくめ）のもとに支配されているということ、したがって国民経済全体も個々の企業も、独占資本による最大限利潤追求すなわち勤労国民にたいする搾取と収奪を本質とする基本構造が客観的に不変のまま存続しているということを意味している。したがってまた、国民経済全体ならびに個々の企業の『成長メカニズム』も『資本主義という体制のワクの中』では、勤労国民にとっては、本質的に反『福祉型成長メカニズム』であり、またそれ以外にはありえないことを意味している。このことは、およそ科学的社会主義を口にするものにとっては、イロハのイに属することである。だから、社会党の綱領的文書『道』でも、『資本主義の下では真の意味での福祉国家は実現されない』(一九頁)と、民社党流の〝福祉国家〟論をはっきり否定している」。「なお、誤解を避けるため、念のためにつけくわえておくが、反独占の予算闘争をつうじて、政府・自民党(独占資本)の反『福祉型』予算を部分的に修正し、それによって勤労国民にとっての福祉向上を部分的にかちとることはできる。そしてそれを最大限にかちとらなければならない。だがしかし、その闘いがどれほど前進しても、『資本主義という体制のワクの中』であるかぎり、それによって、資本主義の『経済構造』を本質的に『福祉型メカニズム』(勤労国民にとって)へ変更することは不可能である。それはちょうど、賃上げ闘争がどれほど前進しても、『資本主義という体制のワクの中』では、賃金『奴隷』としての労働者階級の地位(本質)—搾取・被搾取の社会関係—を根本的に変更できないのと同様である」(前掲『唯物史観』、拙稿、一四七〜一四八頁)。

(三)

「福祉国家」という概念・用語は、文献学的には、かなり古く遡ることができるとしても、社会科学的には、明らかに独占資本(帝国主義)の歴史的産物である。科学的な階級国家論に対抗して編み出された俗流国家論である。

とりわけ、世界史上初の社会主義革命がロシアにおいて成立して以降、資本主義の崩壊と社会主義の誕生を、現実的な危機として受け止めざるをえなくなった独占資本が、資本主義の枠内でも、改良・改革の〝積み重ね〟で、福祉を無限に充実させうるかのような幻想を振りまき、勤労大衆の意識を体制内に懐柔するために編みだした思想・イデオロギー攻撃—その代表的な一つ—である。こうして、「福祉国家」論は、多くの提唱者の善意や主観的意図は別として、何よりも、独占資本と国家独占資本主義の目的意識性の歴史的産物である。「福祉目的税」という思想攻撃を国家レベルにレベル・アップしたものと言ってもよい。これが、論点の第一である。

論点の第二は、その論理構造にみられる非科学性である。まず、国家論（観）についていえば、国家の本質が、支配的階級（独占資本）による階級支配の権力機関—統治の具体的形態は、二大政党制ほか色々様々—である、という肝心要の要点を無視ないし看過する。この科学的規定に替えて、暗黙か意識的かは別として、いわゆる「国家の中立性」「第三者機関」説を固持する。今般の「国策」としての原発推進による甚大な人災によって、現代資本主義すなわち国家独占資本主義下の国家と「国策」の本質と正体が、誰の目にも顕に実証されている、というのにである。

また、経済については、「私的部門」と「公共部門」のミックス・「混合経済」と捉え、そして前者を「営利」、後者を「公共性・福祉」を本旨と見做す。事柄の本質と現象の区別をまったく無視した、紛う方ない非科学的二元論である。この点も、あらゆる「福祉国家」論に共通した理論的特徴である。

加えて、資本主義下の社会関係の基本をなす、資本と賃労働の階級・搾取関係の否定ないし無視、さらにまた、社会・歴史の発展過程における質的飛躍観の完全な欠如、いいかえれば、〝改良〟という視点はあっても、革命という視点は更々ない非科学性（非弁証法）については、あえて解説を加えるまでもあるまい。

論点の第三は、改良闘争の意義との関連である。この点、『宣言』の最終章に含意豊かな至言がある。

「共産主義（社会主義）者は、労働者階級の直接当面する目的や利益を達成するために闘う。だが共産主義者は、現在の運動のなかにあって、同時に運動の未来を代表する」（大内兵衛・向坂逸郎訳、岩波文庫、八五頁）。

これは、マルクス主義者が闘いを指導する一般原則を、もっとも簡潔かつ的確に表現したものといってよい。勤労大衆が「直接当面する目的や利益のために闘う」改良闘争において、「現在の運動のなかに」埋没し、目先の利害や結果を追い求めるあまり、究極の目標を犠牲にするとすれば、それは〝物とり主義〟者、〝大衆迎合主義〟者である。

これでは、改良闘争をつうじる勤労大衆の組織された力（量と質）の成長、とりわけ質、すなわち自覚、意識の成長を実らせることはできない、ということである。資本主義の枠内における改良、改良闘争と一口でいっても、科学的社会主義の立場に立つのと、社会民主（改良）主義の立場に立つのとでは、本質的な差違がある、ということである。「福祉国家」論は、現代マスメディアによる巧妙な思想攻撃と相俟って、勤労大衆の階級意識の成長を促すことに寄与するのと反対に、これを多かれ少なかれ阻み、あるいは混沌をむしろ助長する。この意味でも、「福祉国家」論は、今日でも、批判の対象とすべきものであることに変りない。

（四）

ここで、もう一度想起されるべきことは、社会主義協会の『提言』の提起である。

「日本の労働者階級が当面する反独占、民主主義擁護、帝国主義戦争反対の統一戦線の結成は、憲法改悪阻止の統一戦線をつうじて具体化される。

いまや、『憲法改悪』は、日本の独占資本とその政府の最大の政治的課題である。こんにち、勤労国民の力は、明文憲法改悪の全面的遂行をおさえている。支配階級は『なしくずし改憲』の攻撃をつうじて、憲法改悪反対闘争の主体の弱化をはかっている。かくして、独占資本の利益を代表する反動的勢力と民主主義勢力との憲法闘争をめぐる対決は、直接には、教育、地方自治、労働基本権などをめぐる『なしくずし改憲』にたいする職場や地域における具体的なたたかいとなってあらわれる。

労働者階級を中心とした広範な憲法改悪阻止の統一戦線は職場や知己の日常のたたかいをつうじて組織されなけれ

ばならない」（八五〜八六頁）。

さらに、『提言の補強』も、これを受けて、「一貫したわれわれの任務」として、次のように述べている。

「現『提言』が明らかにしているように、資本主義の社会主義への移行は不可避であると確信している。そのためには、労働者政党の再建、労働組合運動の強化・発展を基礎に、反独占の諸勢力を結集した統一戦線運動の拡大がなされなければならない。

『提言』は『反独占、民主主義擁護、反帝国主義戦争の統一戦線』を提起し基本的方向性をのべている。現在の日本においては、憲法の平和的・民主的条項を生かしながら改革・改良に取り組みつつ、第九条の改悪をつうじて戦争・戦闘行動を公認する国家に変質するのを、絶対に阻止しなければならない。その点で一致できるすべての人たちと手を組み、敵を孤立化させるのは、一貫したわれわれの任務である」（一四〇・一四一頁）。

「国民投票法」（改憲手続き法）、〇七年五月強行採決・成立（一〇年五月施行）、「憲法審査会」規程、〇九年六月、衆院で強行可決、同規定、一一年五月、参院で可決（社民・共産のみ反対）―こうして東日本大震災・原発大人災のさ中、改憲発議・審議の舞台が整い、衆参本会議可決、国民投票を経て、改憲が一気に強行される現実的恐れがいよいよ強まっているといっても過言ではない。

いま緊要なことは、先の『提言』の提起を再度想起し、護憲、そしてその進歩的理念（第九条、二五条ほか）の具現化としての改良闘争の諸課題を、現状に見合って、いっそう具体的に提起し、党・労組等にたいする積極的な働きかけを強めることであろう。このことこそ―「福祉国家」ではなく―当面目指すべき「国民的合意」というべきであろう。

（初出、「社会主義」、二〇一一年一一月号）

Ⅰの〈付〉不況（恐慌）と労働者階級

（一）不況（恐慌）とは何か

まず不況（恐慌）とは何かを、一口でいえば、全般的過剰生産という形をとった資本の絶対的過剰生産が、一定の時点で集中的に爆発した資本主義固有の周期的業病ということができる。

それでは不況（恐慌）の原因は何か。不況（恐慌）の最も基本的な原因を、これまた一口で言えば、資本主義の基本的矛盾、あるいは資本主義の本質そのものにある。つまり、生産の社会的性質と所有の私的性質の矛盾に不況が発現する根本原因がある。

もう少し具体的に説明すると、資本主義は一方で、無制限の利潤追求をめざす資本相互の無政府的競争のもとで、生産力が無制限に膨張するという資本主義に固有の傾向をもっている。他方、社会の消費力、あるいは市場は、生産力の無制限な膨張とは反対に、本質的に制限され限界づけられているという対立関係、矛盾を内包してる。この後者について『資本論』では、資本主義的な「敵対的分配関係を基礎とする社会の消費力の制限性」と説明されている。あるいはまた、資本の「直接的な搾取の条件」ともう一方は「搾取の実現（剰余価値の貨幣への転化＝販売）の条件」が本来的に矛盾し対立する、と表現することもできる。この資本主義に本質的で内在的な対立関係、矛盾が、好況局面の進展とともに累積していき、そしてそれが、いわば飽和点に達した時点で爆発し、結果として、全般的過剰生産という形をとった資本の絶対的過剰生産が、必然的また周期的にくり返さざるをえないのである。

一、不況は〝克服〟できない

だが、念のため言えば、このことは、いわゆる「過少消費説」を意味するものではない。むしろ逆である。というのは、「過少消費説」は、恐慌の原因を、マルクス・エンゲルスとはまさに反対に、社会体制の歴史的相違を超越した（したがって資本主義の本質から切り離した）大衆の〝過少消費〟一般（すべての階級社会に共通）に求めるからである。したがって、この立場にたてば、恐慌は資本主義だけでなく、どの階級社会でも発現することになるし、あるいはまた逆にいえば、資本主義のままでも、大衆の消費力を拡大すれば、恐慌を〝克服〟できるということにもなる。この意味で、賃上げ→内需拡大→恐慌（不況）〝克服〟という流行の議論は、根本的に誤った「過少消費」説の現代版と言える。なお、この点の批判については、エンゲルス『反デューリング論Ⅱ』新潮社版マルクス・エンゲルス選集、第一二巻、三〇〜三一頁を参照されたい。

二、生産力の発展と大衆の貧弱

マルクスは『資本論』のなかに次のようにのべている。

「恐慌は種々の部門における生産の不均衡からのみ、また、資本家自身の消費が彼らの蓄積にたいしてなす不均衡からのみ、説明されうるであろう。しかし事実上は、生産に投下されている諸資本の補塡は、大きな部分が、非生産的諸階級の消費能力にかかっている。他方、労働者の消費能力は、一部は労働賃金の諸法則によって、一部は彼らが資本家階級のために利潤を産むように充用されうるかぎりにおいてのみ充用されるということによって、制限されている。すべての現実の恐慌の窮極原因が、あたかも社会の絶対的消費能力のみが限界をなすかのように生産諸力を発展させようとする資本主義的生産の衝動に対比しての、大衆の貧窮と消費制限とであることに、変わりはない」（岩波文庫、第七分冊、二四九頁）。

三、敵対的な分配関係

「剰余価値の獲得は、……直接的生産過程をなす。搾り出せるだけの量の剰余労働が商品に対象化されれば、剰余価値は生産されているわけである。しかし、この剰余価値生産をもっては、資本主義的生産過程の第一幕である直接的生産過程が終わっただけである。資本はこれこれの量の不払労働を吸収した。利潤率の低下に表現される過程の発展とともに、かようにして生産される剰余価値の量は、巨大なものに膨張する。そこで、過程の第二幕となる。総商品量、総生産物が、不変資本と可変資本を補塡する部分も、剰余価値を表示する部分も、売られねばならない。それが売れないか、または一部分しか売れないか、または生産価格以下の価格でしか売れないならば、労働者は搾取されているには違いないが、彼の搾取は資本家にとっては搾取として実現されず、それが搾取された剰余価値の全くの非実現またわずかに部分的な実現を伴うことも、じつに彼の資本の部分的または全部的喪失を伴うことさえも、ありうる。直接的搾取の諸条件と、この搾取の実現の諸条件とは、同じではない。両者は、時間的および場所的にのみではなく、概念的にも一致しない。一方は、社会の生産力によって制限されているだけであるが、他方は、種々の生産部門間の均衡と、社会の消費力によって制限されている。しかし、この社会の消費力は、絶対的生産力によって規定されているのでもなければ、絶対的消費力によって規定されているのでもない。そうではなく、社会の大衆の消費を、多かれ少なかれ狭隘な限界の内部でのみ変動しうる最小限に帰着させる、敵対的な分配関係を基礎とする消費力によって、規定されている。……内的矛盾は、生産の外的範囲の拡大によって融和されることを求める。しかし、生産力が発展すればするほど、ますますそれは、消費諸関係の立脚する狭隘な基礎と矛盾するようになる」（同、第六分冊、三八五〜三八七頁。なお、この他にも、第六分冊、三九三〜三九四頁、四〇三〜四〇八頁。第四分冊、四七〇頁など参照）。

四、生産力の反逆

したがって、不況（恐慌）は、資本主義という社会体制が基本的に続いている限り、克服しようとしても克服できない。逆にいえば、不況（恐慌）がなくなるのは、社会主義になって以降でないとありえないということである。この理論的にいえる説明は、今日のソ連邦を始めとする社会主義国で不況（恐慌）が起こっていないという現実によっても十分に実証ずみである。

この不況という現象が資本主義の発展のなかで、はっきりした形で現われた最初の年は、エンゲルスによると一八二五年である。ここで初めて、全般的な恐慌現象が現われたと『資本論』や『空想より科学へ』のなかで指摘している。あわせて、マルクスやエンゲルスが生きていた当時は、一八二五年以降だいたい十年に一回の周期をもって起こっている。今日では、はるかに多く頻発している。全体として、資本主義の矛盾が深まり、激しくなっていることを何よりも示しているといってよい。

〈補注〉恐慌（不況）は、本来、周期的であると同時に、いわば〝一過性〟のものである。今日でも、二〇〇八年の世界同時恐慌が示しているとおりである（本書、Ⅱの二参照）。だが今日では、同時に、過剰生産（資本）が、多かれ少なかれ〝慢性化〟することによって、恐慌（不況）も、多かれ少なかれ〝慢性的〟性格——ブルジョア経済学によれば、「デフレ」「低成長」等々——を併せ持つようになっている。

ところで不況（恐慌）は、資本主義にとって何を意味するのか。資本主義という生産関係がそのもとで発展した生産力に対して、とっくに桎梏と化しているということである。恐慌は、古くさくなった資本主義的生産関係に対する生産力の反逆を象徴的に示しているからである。

エンゲルスは『空想より科学へ』のなかで、恐慌の本質とその一般的な意義について、次のように説明している。「こういう恐慌においては、社会的生産と資本主義的取得との矛盾が猛烈に爆発する。しばらくの間、商品流通がとまる。流通手段たる貨幣が流通の妨害物となる。商品生産と商品流通との一切の法則は逆立ちする。経済上の衝突はまさにその頂点に達したといってよく、いわばそれは、生産方法の交換方法に対する反逆だ。生産方法をのり越えて成長した生産力の反逆だ」（岩波文庫・七八頁）。

（二） 独占資本による不況対策の本質は何か

資本主義のもとで、必然的・周期的に反復される全般的過剰生産性という社会的業病に対する、独占資本の対策の本質は何か。これは、不況（恐慌）をめぐる問題を正しく理解する場合に、どうしてもはっきりさせておく第二の柱といえる。

これについても、『共産党宣言』のなかで、簡潔に、その本質を指摘している。「一方では、一定量の生産諸力をむりに破壊することによって、他方では、あたらしい市場の獲得と古い市場のさらに徹底的な搾取によって」（岩波文庫・四七頁）。

結局、独占資本の不況対策は、表面のヴェールはどうであれ、無理やり生産力を破壊し、最終的には労働者階級と勤労者大衆への搾取を一段と徹底することである。しかし、それによって、一時的に恐慌の克服はできても、それはもっと全面的で激しい不況の発現を準備するにすぎない。あるいは準備することによって、資本主義の基本的矛盾と階級的対立関係をさらに激化させるような条件を拡大再生産するにすぎない。

今日の日本の独占資本の不況対策を具体的にみていくと、『共産党宣言』でマルクスが指摘したことが、非常にはっきりした形で目前に広がっている。つまり、不況のなかで、独占資本は大がかりで巧妙な不況宣伝、赤字宣伝という思想攻撃によって、不況の本質、原因を曖昧にし、勤労大衆の目をごまかしながら、不況のもとでも利潤をへらさず、不況を独占資本の利益において乗り切っていくために、ふだんよりも一段と激しく徹底して労働者ならびに勤労者大衆への搾取を強化している。もっと通俗的な言葉でいえば、独占資本は深刻な不況を乗り切るために、その責任をごまかしながら、労働者と勤労大衆に一方的な皺寄せをすることによって、不況のなかでも利潤をふやし、不況を乗り切ろうとしているということである。

一、労働者・勤労国民の犠牲のうえに

独占資本の不況対策の本質は、結局、不況・赤字宣伝と結合した搾取の徹底した強化である。

この徹底した搾取強化の具体的な内容をみていくと、まず第一点は、不況を口実にした巧妙な不況宣伝のもとで、首切りを始めとする資本主義的合理化を一段と推進する。首切り、労働強化、ならびに賃金切り下げなどがそれである。

第二点が、中小零細企業の倒産、ならびにそれに伴う大量失業である。ここで注意しなければならないのは、中小零細企業の倒産で〝労働者がたたかいすぎたから倒産する〟という実例は一つもないことである。独占資本のもうけ

すぎの反動として起こるべくして起こったその不況を、のりきるための独占資本の搾取強化によって倒産させられている。これはたとえば、不況を理由にした納入単価の切り下げ、納入のストップ、銀行の融資の意識的なストップなどという皺寄せ、搾取をうけて倒産している。

第三点は、とりわけ現代の国家独占資本主義に特徴的な不況対策である。軍事費もしくは公共投資を拡大することによって独占資本にブルジョア国家が追加的な有効需要を与えるやり方である。この場合に、不況時は一般的な意味で独占資本といえども、利潤がどんどん入ってくるというわけにはいかないので、軍事費、公共投資を拡大させる独占資本の要請は強まる。

ところが、そのための財源の方は、不況下で一般的な税収では無理なため、財源として大量の赤字国債の発行をテコとして、軍事費や公共投資の拡大が図られる。赤字国債の大量発行は、直接、独占資本に対する有効需要を提供するだけでなく、一方で大衆増税（国債償還のため）、他方でインフレを生みだし促進する。こうして第三の不況対策は、大衆増税とインフレによる実質賃金の引き下げによっても、独占資本の不況対策の非常に有効な手段となっている。

第四点目の独占資本の不況対策、すなわち搾取強化は、搾取の手を海外に伸ばそうという新植民地主義的な経済進出、資本と商品輸出の拡大という形でもおこなわれる。今日、〝経済摩擦〟の激化といわれるのは、こうした日本独占資本の不況対策としての急激な輸出拡大、世界市場進出を反映している。この場合、日本の労働者階級の低賃金と「合理化」によるコストダウンが、〝功を奏する〟のである。

以上が、独占資本とその国家の不況対策の主な中身である。

二、富の蓄積と窮乏の蓄積

ブルジョア統計においても、不況対策の本質は、搾取の徹底した強化であることを示している。例えば、企業倒産の件数は、一九七四年以降四年間、戦後最大をくり返しながら、今日とくに円高を利用した不況対策によって不況の状況が深刻化するにつれて、再び倒産件数がふえ、毎月一五〇〇件をこえている。完全失業率も、七四年（不況の初年度）では四〇万人となっていたが、今日では完全失業者一三〇万人前後。雇用指数では、七五年を一〇〇とすると、その後、各年とも一〇〇を割って八〇～九〇である。不況・赤字を口実にした、首切り、人べらしが進んでいることを示す。残業時間の方はどんどん増えている。七五年を一〇〇とすると、今日では一五〇前後である。これは一方で、人べらし、首切りをすすめながら、最低限に必要な生産を維持していくために、残業やパートで処理していくという資本主義的合理化が一段とすすんでいることを示す。もう一つ労働生産性指数、これも、人べらしが進み、残業やパートタイマーで必要な生産をすすめていくという結果、七五年を一〇〇として、うなぎ昇りで今日では一五〇前後となっている。

さらに、実質賃金については、一九七五年を一〇〇として、絶対的に低下している。七七年一～三月は八〇・五、四～六月は九九・三、九月は七八・四と政府統計によっても実質賃金は低下している。

こうして、独占資本の不況対策は、徹底した搾取強化しかありえないから、今日程度の深刻な不況下でも、独占資本だけは利潤を増やしている。一九七七年一〇月二九日に発刊された『法人税白書』のなかでも独占資本だけは利潤を増やしている。全体として赤字申告をした企業の率は高まっているが、黒字法人の申告所得は大幅に増えている。この黒字法人のほとんどは独占資本（巨大企業）である。

こうして、資本主義の発展に比例して、一方の極における富の蓄積、他方の極における貧困と窮乏の蓄積という、

「資本主義的蓄積の一般的法則」の本質が、深刻な不況と、独占資本の不況対策の推進のなかで、今日非常に歴然とした形で進行しているということができる。

（三）労働者階級の態度

不況に対する労働者階級の態度の第一点は、不況の資本主義的な本質と原因を徹底的にできるだけ具体的に明らかにしていくことである。そのことによって、労働者階級や勤労大衆は不況に対して負うべき責任は一切ないことをはっきり宣伝し、暴露することである。

不況は、独占資本だけがどんどん利潤を手に入れ、どんどん搾取をし、そうした〝もうけすぎ〟の反動として全般的過剰生産という形で起こってくるからである。

同じことだが、独占資本の不況・赤字宣伝のごまかし、正体をもっと暴露する必要がある。不況の原因・本質をあいまいにしながら、不況を口実として一段と労働者、勤労大衆に、不況の皺寄せを行っていることを、具体的に徹底的に暴露し、宣伝することである。

これが、不況に対して、労働者階級や社会主義政党がとるべき一番大事な第一の態度である。この間の不況下の春闘をふり返ってみても、全体の陣営のなかでの反撃の宣伝・暴露は独占資本の宣伝に比して大きく立ち後れているといわざるをえない。徹底的に宣伝・暴露をやらないことには、不況のなかで一段と苦しめられている労働者、勤労大衆のいろんな苦しみ、不満というものは、本当に反独占の怒りになっていかない。反独占のたたかう力として、生活苦や労働苦が結集されていかない。われわれが、宣伝・暴露を徹底してやっていくなら、労働者、勤労大衆のいろんな苦しみや不満を、反独占の結集された力を強める方向へ組織することができる。

第二点は、われわれの側からする不況の原因や本質に対する宣伝・暴露と独占資本の不況宣伝に対する暴露・反撃の活動と結びつけて、反独占の具体的な闘いを大衆的に職場を基礎としながら強化することである。

とくに、具体的な闘いのなかでも、集中的にわれわれが力をいれなければならないのは、何といっても大幅賃上げの闘い、首切りを始めとする合理化反対の、二つの闘いである。これは、あらゆる労働者にとって、最も直接的で切実なたたかいである。この大幅賃上げ、首切り反対を始めとする反合理化の闘いを、宣伝・暴露の活動と結合して労働者大衆の具体的な生活の苦しさ、労働の苦しさに依拠しながら粘り強くくみ上げていくことである。

一、反独占の抵抗闘争

三点目は、いわゆる政策闘争といわれる問題についてである。政策というのは、往々にして諸刃の剣である。資本主義のもとでの政策だから、政策も反独占の抵抗闘争の指針である。だから、大幅賃上げ、首切りの合理化反対の闘いと基本的に一つも変わることがない。搾取に対する反撃の闘いである。その意味で政策といっても特別なことはないし、特別のこととして考えるのは間違っている。ただあえてその特徴を指摘するとすれば、勤労国民全体の利害にかかわり、政治闘争的な性格をもったもの、そういう反独占の抵抗闘争の指針、これがわれわれの政策である。全勤労国民的で政治的な性格をもった具体的なしかも切実な政策課題の闘い、この闘いも第一点目、第二点目の闘いを土台にしながら闘うことなしには、要求を実現することはできないし、政策闘争の発展もない。

とくに不況との関連でいうと、われわれの不況に対する対策というのがあるとすれば、独占資本が不況から回復するという名において大衆をごまかしながら——つまり、あたかも政府・自民党がいうような不況対策が勤労国民にとってもプラスになるかのようなごまかし――実際には一段と徹底した搾取強化をおし進めてくるのに対して、それを批判し、暴露しながら、独占資本の不況対策（＝搾取強化）に対する反対の抵抗と闘いを具体的に提起することである。資本主義の下で闘っているわけだから、こういう内容以外にはありえないし、それ以外であってはならない。

二、不況下での闘いの重要性

もし、不況をどう「克服」するか、ということをあえていうとするならば、むしろ社会主義の必要性を大衆に訴えていかなければならない。これが正しい態度である。なぜかというと、資本主義が続くかぎり、不況をなくしたいと思ってもできないからである。

資本主義が続いているもとでは、景気の回復というのは、いずれにしても、資本家的な景気の回復しか現実にありえない。ということは、独占資本による徹底した搾取強化の内容のものしかありえない。勤労国民本位の景気回復、不況「克服」というものがあるかのような方針をたてたとすると、国民大衆にできもしない幻想（改良主義）を広めることになるか、独占資本の不況克服に事実上協力することになるかのどちらかしかない。

われわれの場合は、不況の本質、原因、独占の不況「克服」策を徹底的に暴露しながら、具体的な抵抗闘争をやっていくことをぬきには、不況のもとで闘いを本当に前進させることはできない。そしてそうした闘いのなかで、勤労階級の組織された力を量的にも質的にも強化することを土台にして社会主義日本をうちたてる。その時になってからしか、不況の克服はできない。またその時はじめて、不況という業病を克服し一掃することができる。

われわれが、不況のなかでの勤労階級の苦しみを少しでも和らげるためには、大幅賃上げ、首切り反対の闘い、そしてそれと結合した正しい意味の政策闘争（失業保障制度の拡充をはじめ）を強化していくしかない。

このように、ある意味では、非常に分かりきったことであるが、この態度を、私たちがもっと自信をもって全面にうちだし、運動のなかに具体化していく、その時に初めて、勤労大衆の不満や苦しみが、反独占の怒りになってくる。そして大衆は不況下の闘いを精一杯闘うことによって初めて、資本主義に対する正しい批判の意識と社会主義への展望・確信を自分のものにすることができる。このなかでこそ、本当に反独占統一戦線の主体が作り上げられていくし、強められていくのである。

（初出・「社青同月報」、一九七八年二月号、講演要旨）

II

Ⅱの一　現代資本主義とは何か—独占資本と国家独占資本主義—

（一）

『旬刊・社会通信』の論文・記事が、一様に協調しているとおり、現代資本主義の基本問題は、依然として、まず何よりも、独占資本の存在と支配であり、そしてその現代的な支配体制としての国家独占資本主義の問題である。

これは、現代情勢の認識と戦略・戦術の基軸に関《かかわ》る根本問題であり、現代社会の〝諸悪の根源〟—経済的にも政治的にも—でもある。近年、この用語・科学的概念が薄れつつある現状にあるだけに、その再認識と堅持が、ますますもって重要となっている。

そのための理論的出発点をなすのも、やはり「資本主義的蓄積の一般的法則」である。この点については、原論文（『社会通信』、第一二三九号）が意を尽くしているので、一部再掲載させていただく。

「福島原発の事故は、あらためて独占資本の支配を白日の下にさらした。今日の国家と、独占資本はいかなるものか、両者はいかに一体化しているかも明白となった。

資本の本性として国際化は進み、グローバリゼーション、多国籍化が進むほどに、独占資本は国際的競争を激化させながら、提携や買収を進め、ますます巨大化している。東芝が、米国の収奪者の雄の一角であるウェスティングハウスを収奪してしまうなどと、だれが予想しただろうか。

マルクスは『資本論』の中で『資本主義的蓄積の歴史的傾向』として『世界市場網への世界各国民の組み入れ、およびそれとともに資本主義体制の国際的性格が、発展する』として、『この転形過程のあらゆる利益を横領し独占する大資本家の数の不断の減少とともに、窮乏、抑圧、隷従、堕落、搾取の度が増大する』、『資本独占は、それとともに、かつそれのもとで開花した生産様式の桎梏となる』、『資本主義的私有の最期の鐘が鳴る。収奪者が収奪される』と資本主義的蓄積の核心を明らかにしている。

マルクスの天才は、先進資本主義国にまだ独占資本が成立する以前に、『資本独占』と資本主義的蓄積の法則の行き着く先まで明らかにしている。『国際的性格が発展する』と、独占資本ではなくなるなどという非科学的見方はとらない。その逆である」。

（二）

『資本論』が明らかにした「資本主義的蓄積の一般的法則」ならびに「資本主義的蓄積の歴史的傾向」を理論的に継承して、そのうえで独占資本論を本格的に展開したのが、周知のとおり、レーニンであった。『帝国主義』（岩波文庫、正確な表題は「資本主義の最高の段階としての帝国主義」）を「総括」（一四四〜五頁）して、こう述べている。

「いまやわれわれは、一定の総決算をして、帝国主義について右に述べてきたことを総括してみなければならない。帝国主義は、資本主義一般の基本的諸属性の発展と直接の継続として生じた。

この過程で経済的に基本的なのは、資本主義的な自由競争が資本主義的な独占にとってかわられたことである。自由競争は資本主義と商品生産一般との基本的属性であり、独占は自由競争の直接的対立物である。ところが、この自由競争は、大規模生産を創りだし、小規模生産を駆逐し、さらに、大規模生産を最大規模の生産によっておきかえ、生産と資本の集積を、そのなかから独占がすでに発生し、また現に発生しつつあるというほどにまでみちびくことによって、いまやわれわれの目のまえで独占に転化しはじめたのである。しかもこれと同時に、独占は、自由競争から発生しながらも、自由競争を排除せず、自由競争のうえに、またこれとならんで存在し、このことによって、一連のとくに鋭くてはげしい矛盾、軋轢《あつれき》、紛争をうみだす。独占は資本主義からより高度の制度への過渡である。

もし帝国主義のできるだけ簡単な定義をあたえることが必要だとすれば、帝国主義とは資本主義の独占的段階であるというべきであろう」。

さらに、レーニンは、上掲の独占資本主義（帝国主義）の「簡単な定義」とセットで、「五つの基本的標識」を挙げ、その中の国際面の標識（四、五）で、「国際的な資本家の独占団体」と「資本主義的諸強国」による世界の「分割の完了」と「再分割の不可避」性を結論している（一四五、一二七頁）。武力による「再分割」の典型が、いうまでもなく第一、二次の世界大戦である。

ソ連・東欧の「崩壊」と両体制間対立の消滅後の、世界市場（商品、資本、資源、用地、低賃金労働力など）の「再分割」をめぐる、巨大独占資本と諸列強間の国際的な〝経済戦争〟（競争）―これが現代の流行《はやり》言葉、「多国籍企業」「超国家企業」「多極化時代」「グローバリゼーション」等々の階級的正体である。現代の独占資本も、「再分割」をめぐって、国境を「超」え「多国」に跨《また》がって、有りと有らゆる資本活動を「グローバル」（地球的規模）に、「多極」に入り乱れて展開する―要するに、これだけのことである。この「再分割」をめぐる〝経済戦争〟の本質は、最大限の独占利潤の獲得をめざす〝弱肉強食〟の〝戦争〟であるから、資本主義が存続しつづける限り、力関係に応じて絶えず繰り返され、止むことを知らない。しかも、原発同様に、国家と一体となり、その直接、間接の手厚いバックアップのもとで推進されていることは周知のとおりである。ここにも、国家独占資本主義の姿浮彫というべきであろう。

こうして、現代の諸情勢と少し照らし合わせてみただけでも、マルクス・エンゲルス・レーニンの理論と洞察の現代的有効性は明白であろう。いま現代に生きる—現実にマッチしない教条ではない—そして、生かさねばならない理論的要諦である。

(三)

さらにレーニンは、帝国主義（独占資本主義）の下部構造の本質と特徴が、独占資本の成立と支配にあることを明らかにしたうえで、それに「照応」する上部構造の一般的特徴が、「民主主義から政治的反動への転換」—「対外政策でも対内政策でも」—であることも明らかにしている。

「経済的には、帝国主義は、資本主義の最高の発展段階、すなわち、競争の自由にかわって独占が現れるほど、生産が大々的な規模になった段階である。この点に帝国主義の経済的本質がある。独占は、トラスト、シンジケート、その他のなかにも、巨大銀行の全能のなかにも、原料資源の買占めその他のなかにも、銀行資本の集中等々のなかにも、現れる。経済的独占に、すべての問題がある。

民主主義から政治的反動への転換が、新しい経済のうえに、独占資本主義（帝国主義は独占資本主義である）のうえに立つ政治的上部構造である。自由競争には民主主義が照応する。独占には政治的反動が照応する。

政治一般から『対外政策』をとりだすこと、あるいは、対内政策に対外政策を対置することはなおさらのこと、根本的に正しくない非マルクス主義的な、非科学的な思想である。対外政策でも対内政策でも一様に、帝国主義は民主主義の破壊をめざし、反動をめざす」(「マルクス主義の戯画と『帝国主義的経済主義』とについて」、全集、第二三巻、三八頁)。

独占資本(主義)に「照応」する政治的上部構造の一般的歴史的特徴、「政治的反動への転換」―この点で、先進資本主義諸国の中でも、もっとも象徴的な見本といってよい国が日本である。戦後日本の独占資本とその階級的政党・政治勢力による改憲動向が、何よりも象徴的に証明している。

厳密に理論的にいえば、いうまでもなく、現行憲法は、ブルジョア民主主義に立脚する憲法であり、平和・民主主義である。だが、現代の独占資本にとっては、体制を維持・延命するうえで、それすら障碍となり、桎梏と受け止めるまでに至っている。だから改憲とは、後ろ向きの改憲すなわち反動的改悪である。

したがって、現行憲法とその平和・民主主義を守るのは―ましてや、より高次の民主主義＝プロレタリア民主主義の実現はもちろん―反独占・社会主義の政治勢力以外にはありえなくなっている。この意味でも、現代は、世界史的尺度からすれば、依然として資本主義から社会主義への歴史的移行(過渡)期の直中《ただなか》にある、ということができる。

最後に、以下の論述との関連で、簡単な補足一言。

資本主義の歴史的発展段階という観点からいえば、一九世紀末、一九〇〇〜〇三年世界恐慌を転機とする独占資本主義(帝国主義)段階への移行以降、いま現代にいたるまで、広義の現代資本主義と呼んでよいであろう。発展段階を歴史的に特徴づける「経済的・政治的本質」において、この間、基本的に何ら変わりないからである。

ただ狭義には、その中で、大まかにいって一九二九〜三二年世界大恐慌ないし第二次大戦以降、いま現代にいたるまでの局面(小段階)が、国家独占資本主義としての現代資本主義である。

(四)

(三) の末尾で、現代資本主義(狭義)とは、国家独占資本主義である、と述べておいた。この国家独占資本主義という用語・科学的概念を、最初に提起したのもレーニンであった。

「ロシアでもやはり資本主義は独占資本主義になったということについては、『プロドゥーゴリ』(石炭、冶金シンジケート)、砂糖シンジケートその他が、これを十分あきらかにしている。この同じ砂糖シンジケートは、独占資本主義が国家独占資本主義に成長転化していることを、まざまざとしめしている。

ところで、国家とはなにか? それは、支配階級の組織であり、たとえば、ドイツではユンカーと資本家の組織である。したがって、ドイツのプレハーノフらが『戦時社会主義』と名づけているものは、実際には、戦時国家独占資本主義であり、もっと簡単、明瞭にいえば、労働者にたいする軍事的苦役、資本家の利潤にたいする軍事的保護である」(「さしせまる破局、それとどうたたかうか」、『全集』第二五巻、三八四〜五頁)。

「社会主義が勝利しないならば、資本主義諸国間の平和は、ただ休戦、休憩、新たな国民屠殺の準備を意味するにすぎないだろう。平和とパン——これが、労働者と被搾取者の基本的要求である。戦争(第一次大戦)は、この要求を極度に激化させた。戦争は、もっとも文明的な、もっとも文化的に発展した国国を飢餓におとしいれた。しかしそのかわりに、他の側面から、戦争は、大きな歴史的過程として、前代未聞なほど社会の発展をはやめた。帝国主義すなわち独占資本主義へ発展した資本主義は、戦争の影響をうけて、国家独占資本主義へ転化した。われわれは、いまや世界経済のこの発展段階に到達している。そしてこの段階は、社会主義への直接の入口である」(「パンと平和のために」『全集』第二六巻、三九九頁)。

「戦争は、独占資本主義の国家独占資本主義への転化を異常にはやめ、それによって、人類を社会主義にむかって、異常に近づけたが、これこそ歴史の弁証法である。……国家独占資本主義が、社会主義のためのもっとも完全な物質的準備であり、社会主義の入口であり、それと社会主義と名づけられる一段のあいだにはどんな中間的段階もないような歴史の段階の一段である」（「さしせまる破局、それとどうたたかうか」、『全集』第二五巻、三八六頁）。

（五）

国家独占資本主義と一言でいっても、その具体的態様は、時期により、国により、あるいは内外情勢の如何により、あるいは政策基調（とりわけ、ケインズ理論、新自由主義など経済政策・イデオロギー）等々の如何により、様々であることは言うまでもない。だが、その基本的・本質的構造、決定的モメント（契機）は、いずれにおいても共通していて、いつでも、どこでも変りない。一握りの独占資本の存在と支配、そしてその国家との緊密な融合・癒着――これである。

先の引用にみられるとおり、レーニンが最初に提起したのは、第一次大戦下の準戦時ないし戦時・国家独占資本主義であり、いわば端緒期のそれであった。これ以降、国家独占資本主義の体制は、一九三〇年代の世界大恐慌下で本格的に定着し、さらに第二次大戦下の戦時期を経て、戦後現代では、いわば平時・国家独占資本主義として、その成熟期ともいうべき―資本主義の矛盾と危機が格段に深まった―段階にいたっている。

史上最初の本格的な帝国主義戦争としての第一次世界大戦必至の情勢を目前にして、大戦にたいする社会主義者・政党の態度をめぐる国際的な大論争が繰り広げられた。だが、大戦が現実に勃発するや、当時、社会主義運動の国際的センターというべき第二インターナショナルの大勢は、既定方針を放棄して、戦時・経済統制を「戦時社会主義」と規定したり、「祖国防衛」の名のもとに軍事国債・軍事予算を支持したり、戦時「挙国一致」内閣に入閣するなど、雪崩のごとく崩壊していった。レーニンの国家独占資本主義論は、こうした一連の論争の一環として提起されたものであった。

このレーニンの提起を、いちはやく支持し、日本における国家独占資本主義論を最初に展開したのが「労農派」であった。明治維新を〝絶対主義（封建社会末期の国家・社会体制）の再編〟と規定し（労農派は「不徹底なブルジョア革命」と規定）、これ以降、第二次大戦終了まで〝型制〟不変を主張した「講座派」には、国家独占資本主義は、ともに分析視点に入りえなかったことは言うまでもない。

ただ当時は、以下の引用文にみられるとおり、概念の内容面は同じだが、用語の面で、国家独占資本主義を「国家資本主義」あるいは「独占＝国家資本主義」と呼んでいる。なお、引用文中〈〉の箇所は、検閲のため、原文では伏字（×××）となっているのを、筆者の判断で文字を挿入したものである。

「第一次大戦と世界大恐慌による世界ならびに日本資本主義の一般的危機の進展のなかで、……中小工業の急激なる大量的没落の反面において、独占の顕著な発展が顕現した。金融資本制覇の事実は、いまや、何人といえども現実の事実として認めざるをえないのである。

金融資本の発展は、他方では、国家資本主義の強き傾向を現している。現時の金融・財政・関税・産業政策の一々が文字どおり、金融資本によって指揮されていることは、これが歴然たる証左であろう。そして、製鉄合同、電話民営案等一連の合同、民営・官営の諸問題は、本質において、まさしく、巨大金融資本の国家資本との結合による国家資本主義への最も明瞭なる縮図を暴露するものである」（『労農』一九三一年十月、第五巻第一〇号、「テーゼ」、一五〜一六頁）。

「戦後における資本主義の一般的危機の諸モメントは、独占資本主義の諸矛盾・諸対立とからみあって怖しく尖ってきた。……独占と競争の併存という独占資本主義の矛盾は、資本家階級の内部に、所有者階級の諸層の間に、国内的にも、国際的にも、火の出るような衝突を引き起こす。

かように、途方もなく激化する矛盾・対立・衝突を何とかして緩和し克服しようとするブルジョアジーの努力――それは無駄な努力だが、――は、必然的に国家資本主義の強化、拡大に導いた。この国家資本主義こそは、独占資本主義の最高・最終の形態としての、独占＝国家資本主義である」（猪俣津南雄『極東における帝国主義』三七三頁）。

「独占資本主義の成熟と共に、〈国家〉の役割は変化した。〈国家〉は、ますます階級支配の機関ではあるが、すべてのブルジョアの執行機関というよりはむしろ一握りほどの独占王の利害代表者として機能する。けだし、全社会の生産における巨大な独占資本＝金融資本の支配が確立されたことの必然的な現れである。

巨大独占資本の利害代表者としての〈国家〉による強度の経済的統制、国家資本と私的独占資本との結合及び融合、特に資本主義的独占資本における両者の合成、――これらが、この国家資本主義の概念の内容である」（同、三七三頁）。

（六）

国家独占資本主義に共通する基本的・本質的構造、決定的モメント（契機）は、一握りの独占資本の存在と支配、そしてその国家との緊密な融合・癒着にあること、だがその具体的な態様は様々であることを、（五）で述べておいた。

国家独占資本主義―平時・成熟期―の具体的態様を、主として、その時々に有力で支配的な経済政策基調（処方箋）

の変遷、推移と言う観点からみれば、ごく大まかに言って、(1)ケインズ理論の時期、(2)新自由主義の時期、そして(3)両者入り交じった混沌・混迷の現在、この三つの時期に区切ることができるであろう。独占資本の〝安定〟支配と延命にとっても、やはり、下部構造としての経済総体の舵取り如何が、何よりも決定的な意味を持っていることは言うまでもない。

まず第一に、ケインズ理論・主義（政策）である。

資本主義史上、未曾有の一九三〇年代世界大恐慌を契機に誕生したケインズ理論は、スミスに代表される古典的自由主義にたいする批判として登場した。恐慌からの脱出、不況克服は、もはや、「レッセフェール」（自由放任主義）では不可能であり、国家による経済的介入が不可避である、と主張した。

その骨子は、赤字国債を主な財源とする「内需拡大」―「公共事業」「公共投資」等による景気対策であり、これを金利引下げなど金融政策によって補完する、というものであった。

だが、一九七〇年代半ば以降、その「有効性」を問われる事態を迎える。国家独占資本主義各国に共通する経済の低成長、不況とインフレの同時進行（「スタグフレーション」）、そして長期財政危機（財政赤字の累積）の出現と進行が、それである。一言でいえば、ケインズ理論の行詰りと破綻である。ここで、この事態を「克服」すべく新たに登場したのが、新自由主義であった（この点詳しくは、拙著『現代租税論の再検討』、税務経理協会、参照）。

（七）

新自由主義は、古典的自由主義を否定したケインズ理論の否定、いわば〝否定の否定〟である。だが、それは自由主義の反動的復古、事実上のデマゴギーにすぎない。というのは、資本間の自由な競争が、とっくに不可能な段階の資本主義（独占資本主義）において、あたかも、それが可能であるかのごとく装うからである。現代の巨大な独占資本（大企業）を解体して、数千、数万の中小企業に分割し、自由競争の環境を整える、—そのような意図は、微塵《みじん》もない。

むしろ逆である。新自由主義がいう〝自由〟とは、要するに独占資本にとっての〝自由〟であり、より多くの独占利潤を手中にする〝自由〟の保障と拡大である。累積した巨額の財政赤字を解消するために、「小さな政府」を謳い文句にした福祉切り捨て、大衆増税、公務員・人件費の削減・抑制、独占利潤の拡大にとっての公的障害の除去、すなわち「規制緩和」「民営化」、小企業・農漁業切り捨て—集票手段としてのバラマキのみ—の反面で、大企業には巨額の「公的資金」という名の租税の大盤振舞、等々をみただけでも明らかであろう。

だが、この新自由主義も、二〇〇八年の国債金融危機・世界同時恐慌の勃発とともに破綻した（この点、本書、Ⅱの二参照）。マクロ経済学者も、こう述べている。

「二一世紀最初の経済危機は、アメリカ経済が抱える弱点、新自由主義の理論と政策の誤りにその原因がある。戦後資本主義は貧困、失業、恐慌、金融危機といった古典的な資本主義の病の解決のために努力した。そして、完全とは言えないにしても、かなりの成果をあげた。これらの過去の病を復活させたのが新自由主義レジームである。ケインズは大恐慌は自由放任の経済学の結果であると断じた。今、ケインズが生きていたならば、大恐慌以来の経済危機は新自由主義経済学とその政策の結果であると断じたことであろう」（服部茂幸『新自由主義の帰結』二〇一三年、岩波新書、二六八頁）。

「金融は投機によっても、詐欺まがいの行為によっても利益を得ることができる。実際、ウォール街の金融機関は、破綻しそうな企業を探してきて、その株を空売りすることによって、利益を得ている。アメリカの住宅バブルの時代には、住宅ローンを返せない人々に住宅ローンを貸し出し、それを証券化し、高値で売り払うことによって、利益を得ていた。

こうして金融がカジノ場に変貌すると、それが産業と経済をむしばんでいく。ウォール街の投機的行動がアメリカの企業を破壊しているという批判は、すでに八〇年代には行われていたことである」(六六〜六七頁)。

「アメリカにおいても、日本においても、新自由主義レジームが作り出したものは、大衆の貧困であり、格差拡大であった。そして、支出性向の低いスーパーリッチに富と所得を集中させることを通じて、経済停滞を助けてきた」(五九頁)。

(八)

第三に、新自由主義破綻後の現状はどうか。第一のケインズ理論、第二の新自由主義ほどの影響力をもった政策基調不在のまま、混沌と混迷の中を目下迷走中といってよいであろう。「一〇〇年に一度」の金融危機・世界恐慌の引き金となった米証券大手リーマンの破綻から五年を経た現況を総括して、マスコミも、こう述べている。

「なによりマネー資本主義の矛盾があらわになり、低成長と雇用喪失が世界中に格差と貧困を拡散させた。この難題を克服する手立てはあるのか。世界は、なお手探りのままだ」(『朝日新聞』、二〇一三・九・一六、社説)。

赤字国債を財源とする「公共投資」、「金融緩和」による景気(デフレ)対策など、「大きな政府」のケインズ流「成長政策」―「構造改革」、付加価値(消費)税ほか大衆増税と不公平税制の温存・強化など、「小さな政府」の新自由主義流「緊縮政策」―さらに加えて、これらの亜種、変種など、色取り取り。この点でも、「アベノミクス」は象徴的である。理論的には、これら諸政策、エコノミクスのごった混ぜの継《つ》ぎ接《は》ぎ政策といってよいからである。この点、国家独占資本主義の他の諸列強も、多少の時間差・地域差はあれ、事態は大同小異といってよいであろう。これらの具体的中味については、『旬刊・社会通信』が批判、暴露しているとおりである。

国家独占資本主義下のブルジョア国家が打ち出す経済政策は、あるいは総じて〝処方箋〟は、その基調の如何を問わず、いずれも、独占資本による、独占資本のための、独占資本の政策である。したがって、それは、独占利潤の確保・増大に奉仕する政策である。したがって、勤労国民にとっては、原則として―たとえば、発送電分離のように、反独占の立場から、個別的・例外的に支持しうるものもありうる―搾取と収奪の強化を意味する。一言でいえば、要するに、「資本主義的蓄積の一般的法則」の今日的促進、貫徹である。

事実上、三つの単語の合成としての国家独占資本主義という科学的な用語・概念は、現代資本主義の構造的特質と歴史的地位を、もっとも的確かつ簡素に表現しているといってよい。

現代資本主義とは、まず第一に、『資本論』が解明しているとおり、資本主義であることに基本的に変わりないということ、第二に、自由競争下の資本主義ではなく、一握りの独占資本が君臨する独占資本主義であるということ、そして第三に、この独占資本が、国家と緊密に融合・癒着して支配する資本主義である、ということ―国家独占資本主義という用語は、これを一括して一言で端的に表現しているからである。

「国家は資本主義のもとでは、労働者階級その他一般に働く階級を資本主義社会存続のために抑圧し搾取する機関であると同時に、各資本家間の衝突の調性機関を伸長する資本家階級全体の階級的権力機関である。国家独占資本主義の時代には、国家は独占資本全体の階級的権力機関になる」（向坂逸郎『資本論と現代』二八八頁）。

指導部の理論的・思想的〝崩壊〟が、組織（党、労組ほか）の〝崩壊〟に至る例は、わが国でも、枚挙に遑《いとま》が無いほど経験ずみであるが、社会主義国の場合は、それは国そのものの〝崩壊〟に至ることもありうる―これも、ソ連・東欧〝崩壊〟が示した重要な教訓である（この点については、本書・Ⅳ参照）。

ロシア社会主義大革命以降、大まかに一九七〇年代半ば頃まで、社会主義諸国が体制的優位性を着実に実現しつつ発展していた時代には、理論・思想面でも同様であった。国家独占資本主義という用語・概念も、いわゆる「構造改革」論など一部を除き、国際的にも正しく定着し、通用していた、といってよい。だが今日、ソ連・東欧「崩壊」の清算主義的な総括のなかで、独占資本・国家独占資本主義という肝心の科学的用語・概念が、〝風前の灯〟といっても過言ではない状況―国内外含め―となっている。〝たらいの湯水ごと赤子を捨てる〟ようなことを、罷《ま》かり通らせてはならない。

〈補注〉「宇野理論」の問題点については、本書、Ⅰの二を参照されたい。

（初出、「旬刊・社会通信」、一一五〇、一一五三、一一五五号、後に一括して二〇一四・一・一号外収録）

Ⅱの二　国際金融危機と世界同時恐慌

（一）

世界経済はいま、アメリカ発の国際的金融危機（※二〇〇八年、米証券大手リーマン・ブラザーズの経営破綻）とこれを引き金とする世界同時不況・恐慌に見舞われ、かの三〇年代世界大恐慌の悪夢のグローバルな再現を「回避」すべく大わらわである。

危機と不況「克服」の「打開策」を話し合うため、従来のG８に新興国や中進国も加えたG20が新たに初めて開催（二〇〇八年一一月一五日閉幕）された。議長・ブッシュは、危機の原因について、「いくつかの先進国の当局はリスクを適切に評価せず、金融の技術革新についていけなかった」と、まるで他人事のように総括している。

学者たちも、「打開策」をひねり出すべく、いわば総動員されている。その一人、E・ドッドが面白いことを言っている。

「米国はもはや解決ではなく問題をもたらす存在である。米国の腐りきった金融業界は、世界中に何の価値もない証券を売りまくった。人類史上これに匹敵するひどい詐欺があっただろうか」。

「世界経済を牛耳っているのは、ウルトラリベラリズム（行き過ぎた自由主義）などに基づいた、常軌を逸した考え方だ。

この世界で資本主義が唯一の現実的な制度であるのは間違いない。ただ、資本主義にも善玉と悪玉がある。いい資本主義はうまく統制され、悪い資本主義は国家の関与がなく無秩序だ。

皮肉なことに、資本主義がよく優れたシステムだというのは、共産主義が存在している限りでの話だ。てんびんの反対側の重しだったソ連が崩壊し、市場原理を制御していたすべてが取り払われてしまったために、世界は極めてばかげた道を歩んだ。資本主義の悪い面ばかりが残った」。

(二)

つづけて言う。

「米国は、すでに産業が地盤沈下し、経済の溶解が八〇年代に始まっていたことを、すっかり忘れていた。グローバル化が始まり、世界金融の中心に米国の金融業界がどっと入り込んだ。米国は一五年も二〇年もの間、借金で暮らすことができた。今回の危機は、こんな事態が現実へと着地していくことを意味する。

一九二九年の大恐慌は、英国による世界経済の支配が崩れたことが原因の一つだった。その後にやってきた米国支配は長く続いた。米国に対して、みんな『ダイナミックで、何の問題もない』と信じていた。人々がそういう幻想を抱いている限り、経済システムも機能する。米国は神のような存在だった。

その神話が崩れつつある」(「朝日新聞」、二〇〇八・一〇・三)。

現状にたいする批判は、痛快で小気味よく、概ね正鵠を射た主張である。だが、「処方箋」を主張する段になると、ブルジョア的ないし社民的な理論的限界が露となる。

資本主義は、間違いなく「唯一の現実的制度」であるが、資本主義にも「善玉」と「悪玉」があり、「いい資本主義」と「悪い資本主義」がある。政策いかんで、「いい資本主義」へ〝チェンジ〟出来る。現在、世界中に噴出している資本主義の「悪い面」、不況・恐慌等も、政策と処方箋のいかんで「克服」できる、という。

だが、言うまでもなく、ブルジョア国家による「処方箋」とは、新自由主義的であれ新ケインズ主義的であれ、独占資本とその国家権力による、勤労国民への犠牲の転嫁と新たな搾取の強化以外には、基本的にありえない。勤労国民の生活と権利の維持・改善は、一にも、二にも、三にも、政策闘争を含む抵抗と組織された力のいかんにかかっている。

傲慢で厚顔なブッシュ政権も、任期いっぱい居座り続けたうえ、事実上、大敗して崩壊した。すなわち、オバマが、大統領ならびに両院選で大勝した。オバマ政権が、よりましな政権であることは、ほぼ間違いないとしても、どの程度まで、平和主義的で民主主義的な方向へ舵を切り替えられるかどうか、その評価は、彼の演説ではなく、スタート後の実行と行動に待たなければならない。

（三）

そもそも恐慌（不況）とは、資本主義の内在的・基本的矛盾の周期的で集中的な爆発を意味することは、マルクス・エンゲルスによって、理論的に解明されているとおりである。したがって、恐慌（不況）は、資本主義が存続するかぎり、「いい資本主義」であれ「悪い資本主義」であれ、必然的に出現する周期的業病である。

資本主義史上、最初の本格的な一八二五年恐慌（エンゲルス、『資本論』第一巻、英語版序文）以降、今日まで周期的に繰り返されている現実が実証しているとおりである。恐慌（不況）は、資本主義が無くならないかぎり、無くす（「克服」する）ことは出来ない。

マルクス、エンゲルスは、『資本論』『空想より科学へ』の中で、こう述べている。

「すべての現実の恐慌の窮極原因が、あたかも社会の絶対的消費能力のみが限界をなすかのように生産諸力を発展させようとする資本主義的生産の衝動に対比しての、大衆の貧窮と消費制限とであることに、変わりはない」。

「直接的搾取の諸条件と、この搾取の実現の諸条件とは、同じではない。両者は、時間的および場所的にのみではなく、概念的にも一致しない。一方は、社会の生産力によって制限されているだけであるが、他方は、種々の生産部門間の均衡と、社会の消費力によって制限されている。しかし、この社会の消費力は、社会の大衆の消費を、多かれ少なかれ狭隘な限界の内部でのみ変動しうる最小限に帰着させる、絶対的な分配関係を基礎とする消費力によって、規定されている。内的矛盾は、生産の外的範囲の拡大によって融和されることを求める。しかし、生産力が発展すればするほど、ますますそれは、消費諸関係の立脚する狭隘な基礎と矛盾するようになる」。

「こういう恐慌においては、社会的生産と資本主義的取得との矛盾が猛烈に爆発する。しばらくの間、商品流通がとまる。流通手段たる貨幣が流通の妨害物となる。商品生産と商品流通との一切の法則は逆立ちする。経済上の衝突はまさにその頂点に達したといってよく、いわばそれは、生産方法の交換方法に対する反逆だ。生産方法をのり越えて成長した生産力の反逆だ」（以上の点について、詳しくは、拙著『現代資本主義と労働者』六二頁以下、『現代の改良主義批判』一〇二頁以下、十月社会を参照）。

ちなみに、恐慌とそれを含む「景気循環」の本質についてのブルジョア経済学の理論的説明と定義は、雑多・混沌として決め手を欠き、いまだ無いに等しい。ただあるのは、「経済活動が全体として上昇、拡大している局面」が好況、反対に、「下降、収縮している局面」が不況ないし恐慌という、まったく皮相的な現象次元の定義のみである。ここにも、マルクス経済学の科学的優位性が、よく示されている。

(四)

資本主義(市場経済)に歴史的に固有の景気循環において、その好況局面には、多かれ少なかれ必ず、いわゆる投機を随伴し、山師が横行する。これによって、好況の必然的反動としての不況ないし恐慌が、いっそう増幅される。今日流にいえば、いわゆるバブルとその崩壊である。この投機の恰好の対象とされるのが、株式に代表される有価証券類、土地、鉱産物、原油、木材、穀物など自然条件によって生産と供給が大きく制約される商品等々である。

この点も、基本的に昔も今も変わりない。マルクスは、信用制度(金融・証券)との関連で、次のように述べている。

「資本主義的生産様式の歴史的初期においては、致富衝動と貪欲とが、絶対的な欲情として支配する。しかし資本主義的生産の進歩は、単に享楽の世界をつくり出すのみではない。それは投機と信用制度とをもって、突然の致富の幾多の源泉を開く」(『資本論』岩波文庫、第三分冊、一四六〜一四七頁)。

「収奪は、資本主義体制そのものの内部では、反対の姿をとって、少数者による社会的所有の取得として、現れる。そして信用は、これらの少数者に、ますます純粋な山師の性格を与える。所有は、ここでは株式の形態で存在するのであるから、その運動と移転は、全くただ取引所賭博の結果となり、その際、小魚は鮫に、羊は取引所狼に呑み込まれてしまう」(同、第七分冊、一七九〜一八〇頁)。

「信用制度が、過剰生産や商業における過剰投機の主要な槓杆として現れるとすれば、それはただ、その性質上弾性的である再生産過程が、ここでは極限まで強行されるからである。すなわち、資本主義的生産の対立的性格に基づく資本の価値増殖は、現実の自由な発展をただ一定の点まで許すにすぎず、したがって事実上は生産の内在的な桎梏および制限をなし、そしてこの制限がたえず信用制度によって破られるということである。したがって信用制度は、この矛盾の暴力的爆発を、恐慌を、したがってまた古い生産様式の解体の諸要素を、促進する。

信用制度に内在する二面的性格─一面では、資本主義的生産のバネである他人の労働の搾取による致富を、もっとも純粋にまたもっとも巨大な賭博や詐欺の制度にまで発展させ、そして社会的富を搾取する少数者の数をますます局限するという性格、しかし他面では、新たな一生産様式への過渡形態をなすという性格」(同上、一八二〜一八三頁)。

(五)

今次のアメリカ発のサブプライム金融危機も、まさにそうである。

ほぼ一九九六年以降の長期好況下の住宅・土地ブーム(バブル)─勤労庶民のマイホームの夢に付け入った、巧妙で攻勢的な住宅ローンの拡大(サブプライムローン)─この小口の抵当債権の「金融工学」による重層的証券化と、世界の金融諸機関への投機的転売─ほぼ〇七年以降のブーム反転に伴う証券と住宅価格の崩落─グローバルな金融危機とこれを引金とする世界同時不況─ローン返済不能者の自宅差し押さえと追い立て、投機に成功した企業・個人のぼろ儲け、失敗した大企業への巨額な公的資金投入、等々による救済と猛烈なリストラ「合理化」、等々。これが、今次の金融危機と不況のごく大まかな経過である。

最後に、問題の「サブプライムローン」について、一言補足しておこう。本来の「プライムローン」が、大企業や大金持に対する最優遇ローンを意味するのに対して、「サブプライムローン」が「サブ」たるゆえんは、貸付対象が、返済能力に乏しい低所得者向けである点である。

最初の二～三年間の優遇期間の経過後には、元利払いが急激に増加する仕組みになっており、したがって、早晩ブームか反転すれば、資産価格と所得の下落によって、たちまち返済不能と差し押さえに追い込まれることは、貸手側には十二分に予測済みの代物といってよい。しかも、この種の小口債権を「金融工学」を駆使して、幾重にも複雑に証券化して、全世界に売りまくった。したがって、「サブ」というよりは、勤労大衆のマイホームの夢に付け入った〝偽装〟「プライムローン」と呼ぶにふさわしい。この意味で、冒頭に引用した、「人類史上これに匹敵する」ものがないほど「ひどい詐欺」というE・トッドの言葉は、決して大げさな表現ではない。

ソ連・東欧の反革命・崩壊後、世界に対する「専一的支配」を事実上復活させ、世界史の歯車を大まかに七〇年余り逆戻りさせた現代資本主義（国家独占資本主義）の現状をみると、かつてレーニンが、『資本主義の最高の段階として帝国主義』において、現代資本主義の一属性として明らかにした「寄生性と腐朽化」、経済の「カジノ化」も、ここに極まる、といっても過言ではあるまい。

（初出・「社会主義」、二〇〇九年一月号）

Ⅱの三　資本主義の行方――新自由主義「破綻」以降――

（一）資本主義の行方

一

〝アメリカかぶれ〟の新自由主義学者の変わり身早い相次ぐ〝懺悔〟が象徴するとおり、新自由主義の「破綻」が、誰の目にも明らかな事態が、アメリカはじめ日本そして全世界で進展している。それとともに、資本主義の今後の行方をめぐって、種々な議論が展開されている。

国際通貨危機と世界同時不況（恐慌）の勃発と深化の現状を、新自由主義の「破綻」とする見方や表現は、その中味や意味は別として、ブルジョア側にも、社会主義・労働運動の側にも、概ね共通していると言ってよいであろう。

二

たとえば、E・フォーナーは、次のように述べている。

「米大統領選挙で興味深かったのは、オバマ、マケイン両候補とも、『自由』を真正面から論じなかったことだ。自由の概念を重んじてきた米国の歴史において、これは非常に珍しいことだ」。

「自由という言葉の価値がそれだけ傷ついていたからだろう。冷戦後、自由な市場、自由な個人に任せればすべてうまくいくという考え方が支配的だったが、国際金融危機で崩れ去ってしまった」。

「また、イラク戦争は『イラクの自由作戦』という名前で戦われた。自由が侵略の口実に使われたのだ。オバマ新大統領は、この傷ついた自由の概念を修復し、再構築しなければならない」。

また、S・ジジェクも次のように述べている。

「八九年にベルリンの壁が崩れた時『社会主義』という夢が終わった。代わって登場したのが『自由市場』と『リベラル民主主義』の結びつきという新しい夢だった。九〇年代のグローバル化を通して、この夢が世界に広がった」

「今世紀のほぼ一〇年で明らかになったのは、この新ユートピアも終わったということだ」。

「〇八年の金融危機が教えたことは『市場万能の資本主義』という他の半面も破綻したということだ。私たちは、市場を維持するためにさえ、強大な国家の介入が必要という現実を目にしている。グローバル化で市場が統合され、国家の役割は縮小するという説は正しくない」。

「同時に、中央に顕現を集中させる社会主義システムが、資本主義より機能しなかった歴史も忘れてはならない」

(「朝日新聞」、二〇〇九・一・一二)。

三

それでは今後、資本主義はどこへゆくのか、その行方をどう把えるかは、ブルジョア側にとっても重大な関心事であるが、われわれにとっても、戦略・戦術を規定する情勢認識の根本問題として、当然ながら、重大な関心事でなければならない。

資本主義の歴史的発展段階という観点からいえば、アメリカ、日本をはじめとする先進資本主義諸国で、新自由主義が猛威をふるった、これまでの時期も、国家独占資本主義であることに変わりはなかった。ただ、この期の支配的な経済政策基調ないし思潮が、新自由主義であったというにすぎない。

新自由主義の登場を、従来の国家独占資本主義に代わる新たな一発展段階と把えるのは、正しくないであろう。ここでも、国家と一握りの大独占資本が融合・癒着して、経済と政治、そして社会総体を支配するという、国家独占資本主義固有の社会構造的特質と歴史的特徴において、いささかの変わりもないからである。新自由主義と国家独占資本主義は、いわば次元を異にする問題である。

新自由主義「破綻」後のこれからは、オバマのアメリカ、日本、EUなど先進諸国の現行の不況・恐慌対策によく示されているとおり、国家独占資本主義の枠組みのなかで、恐らく、ケインズ流の理論(主義)が、幾分か装いを新たにしつつ、再びヨリ支配的な基調ないし思潮として登場することになるであろう。あるいは、状況如何で新自由主義の復活もありうる。あるいは両者その他が、混沌と混じり合い、一元的な論理では説明不能な折衷論的な新俗論が出現する可能性も大いにありうる。

〈**注記**〉こうした状況を象徴する一例が、いわゆる〝第三の道〟論である。「需要が慢性的に不足して生産力が余り、それが失業を生み続ける現在の日本経済。これまでの経済政策はどこが問題なのか。新しい危機にはいかに対応すべきなのか。新古典派経済学の欺瞞をあばき、ケインズ経済学の限界を打破する、画期的な新しい経済学のススメ。閉塞状況を乗り越え、楽しく安全で豊かな国へと変貌するための処方箋。」(小野善康『成熟社会の経済学』、二〇一二年、岩波新書、表カバーの見返しの謳い文句)。

ごく大まかに振り返ってみれば、史上初のロシア社会主義革命、とりわけ一九三〇年代世界大恐慌と第二次大戦終了以降、国家独占資本主義と呼ぶにふさわしい社会構造的特質をもつにいたった現代資本主義において、支配的な経済理論ないし経済政策基調（思潮）をなしたのは、概ねケインズ理論（主義）であった。

だが、ほぼ一九七〇年代に入って以降、いわゆるスタグフレーション（経済の低成長とインフレの同時併存）の蔓延や財政赤字危機の長期化などに見舞われるにいたって、ケインズ理論の『有効性』にたいする疑問や批判が相次ぐようになった。ここでケインズ主義の「限界」を「克服」し、国家独占資本主義を〝再編〟する使命を負ったのが、ケインズ理論（「需要サイドの経済学」）に対抗する、ハイエク、フリードマンなどの経済理論（「供給サイドの経済学」「マネタリズム」「新経済自由主義」等々、流派・呼称はいろいろ）であった。

後者のなかで、次第に優勢となっていったのが、後に「新自由主義」（新古典派）と一般に呼ばれるようになった、フリードマンを元祖とする思潮であった。こうした思潮の流れの、いわば決定打となったのが、ソ連・東欧の「崩壊」である。

これによって、世界にたいする「専一的支配」を復活し、社会主義との体制間対立・競争を何ら考慮する必要のなくなった独占資本、いわば思いのままに利潤追求に狂奔できるようになった独占資本の気分に、新「自由主義」の「理論」は、もっともよくマッチしたからである。

アダム・スミスの経済的自由主義の反動的な復古―現代では、本来の意味の対等で自由な資本間競争は、独占資本の支配の確立によって、とっくに不可能となっている―を意味する新「自由主義」が、新保守主義と不離一体となって蔓延したのも、両者がもつ歴史的反動性という共通根のゆえである。

四

だが、ケインズ主義的手法にしても、新「自由主義」的手法、その他にしても、資本主義の基本的矛盾には一切手をつけず、したがって、いずれも弥縫策の域を出るものではないから、いずれも早晩、「破綻」する宿命をおっている。新「自由主義」は、独占資本による利潤追求と搾取を、いわば野放しにし、そしてそれを正当化する「理論」であるから、この「理論」と政策のもとで発現する恐慌・不況は、そして必然的に随伴する投機や詐欺的行為も、いっそう激烈さを増すこと必至である。また、諸矛盾の発現と勤労大衆への犠牲転嫁も、未曾有の規模と甚大さをもつものとなる。新「自由主義」「破綻」後の昨今の内外の現状が実証しているとおりである。

だが、ブルジョア的視点からすれば、こうした諸矛盾の噴出と勤労大衆の窮乏化の増大をもたらした根源、その「根っこには、『公』のほころびがある。『公』の機能の喪失」がある、という。しかも、挙げ句の果てに、「資本主義の代案は資本主義しかない」と言い張る。

「『公』の再建は、資本主義をよみがえらせる上でも必要である。資本主義の代案は資本主義しかない。市場の欠陥を補うのは、市場に『公正』のルールを課し、国民の働く場を維持し、社会を安定させることである。それにはたくましい『公』が不可欠である」(「朝日新聞」、二〇〇八・一二・二九、論説主筆・船橋洋一「世界経済危機と『公』の再建」)。だが、この主張を裏返せば、資本主義の矛盾と危機の深まりによって、社会主義実現の一般的条件が成熟し、「代案」は社会主義しかない、ということをいわば反証している。社会主義的『公』の樹立である。問題は、立ち後れ甚だしい主体的条件である。

資本主義の発展は、周期的「業病」としての恐慌・不況を繰り返しつつ、資本蓄積の一般的法則を貫徹する。こうして、現代の国家独占資本主義は、社会主義を実現する時まで、矛盾を拡大再生産しつつ、延命し続ける。

（初出・「社会主義」、二〇〇九年五月号）

（二）資本主義の矛盾の現代的一象徴―二〇一二年アメリカ大統領選―

一

民主党オバマと共和党ロムニーによる今次（二〇一二年）アメリカ大統領選は、アメリカだけでなく、ある意味で、国家独占資本主義としての現代資本主義そのものの矛盾と危機の深まりを象徴的に示した選挙であった。

「朝日新聞」社説（二〇一二・一一・八）は、こう総括している。

「社会保障を手厚くし、政府主導で景気回復を図る『大きな政府』のオバマ氏か、自由な経済競争を重視する『小さな政府』のロムニー氏か、という理念のぶつかり合いだった。

米国の閉塞状況を打破するのはどちらか。米国民は迷いつつも、社会の連帯に重きを置くオバマ氏の路線の継続を支持したということだろう」。

また、別の解説記事の中でも、こう述べている。

「争点は最後まで経済復興だった。自由競争にゆだねる社会か、それとも格差の是正を重んじるべきか。低成長と財政赤字に悩む先進国共通の問いに、米国民は後者の『大きな政府』路線を選んだ。リーマン・ショックを招いた市場の暴走の記憶が生きていたともいえるだろう。だが、それは決して論争の決着ではない」。

この二つの「理念」の対立構図を〝理論〟的に表現すれば、大まかにいって、ケインズ理論（主義）か新自由主義かの対立である。

二

オバマ・民主党は、大苦戦の末、勝利はしたものの、上院・下院の〝ねじれ〟のなかで、対立する共和党の協力を得なければ、何事も前へ進められない。

『「小さな政府』を目指す共和党は、税も予算も減らすべきだと考える。景気刺激策の継続も、高所得者への増税も容認できない。一方で『強い米国』を掲げ、国防費の削減には応じない姿勢だ。

一方オバマ氏は、公共工事などの財政出動をまだ続ける考えだ。財源として高所得者への減税打ち切りや増税、国防費削減などを検討している。

さらに難しいのは『財政の崖』（年末の所得税減税の期限切れと、年明けからの歳出の強制削減）を回避すればそれで済む状況ではないことだ。

米政府の債務は国内総生産比で七〇％超と過去最悪の水準にある。与野党が合意して減税の打ち切りや歳出の削減を先送りすれば、景気への悪影響は避けられても、財政は悪化する。

経済の回復を腰折れさせず、財政再建も目指す。日本や欧州同様、米国も極めて狭い道を探らなければならない」。

（「朝日新聞」、二〇一二・一一・九）。

三

これまでも再三述べておいたとおり、ケインズ主義と新自由主義は、依然として、国家独占資本主義としての現代資本主義の代表的な二大経済政策基調であり、イデオロギーである。

だが、いずれも独占資本による、独占資本のための、独占資本の処方箋である。いずれも独占資本に最大限の利潤を保障しつつ、それをテコに体制の維持・延命をはかる、という階級的本質において何ら変わるところがない。ただ、その手法に差異があるだけである。経済的側面を除けば、いわば統治面において、一方が懐柔的で、他方がファッショ流といってよいであろう。だが、勤労大衆にとっては、組織された力と抵抗がなければ、いずれにせよ、結局は、窮乏・無権利、政治反動を強いられることに変わりはない。

だが、独占資本にとって、この二つの「理念」と処方箋ともに、とっくに〝有効性〟を喪失し、いわば賞味期限切れに落ち入っている。恐慌はもちろん、長期の不況、経済低迷からの脱出を目指して、赤字国債を主たる財源とする「公共」投資の拡大など、「大きな政府」を志向すれば、巨額な累積・財政赤字をさらに拡大する。だが他方、財政赤字の縮小を目指して、歳出の大幅削減と増税など、「小さな政府」を志向すれば、長期の不況と経済低迷をいっそう深刻化する。いわば、〝二律背反〟の悪循環である。〝有効性〟の喪失は明らかなのだが、今日なお、独占資本は、これに多かれ少なかれ頼る以外に方法をもたない。

四

この苦境から抜け出し、長期不況・低成長からの脱出と財政再建という「先進国共通の問い」に答え、同時実現できる方策、すなわちケインズ主義と新自由主義を超える〝第三の道〟を求めて、ノーベル賞争いを繰り広げている、というのがブルジョア・イデオローグ界の現況である。

かれらには、矛盾と危機の深まり、「閉塞状況」は、グローバル化した巨大な生産力と、主要生産手段の一握りの独占資本による私有、という現代資本主義の根本矛盾に起因していることには、思い至らないし、また思い至ろうともしない。そうである限り、かりに〝第三の道〟なるものが編み出されたとしても、所詮は、弥縫策以上のものではありえない。

こうして、現代の〝先進〟資本主義国、すなわち、国家独占資本主義としての現代資本主義(日、米、EU)は、こぞって、出口を見出しえない袋小路、混沌と混迷のなかで、のたうち回っているといっても過言ではない。だが問題は、どれほど矛盾と危機が深まっても、資本主義に自滅や自然死はない、ということである。

(初出・「社会通信」、一一三四号)

Ⅱの四　現今の階級情勢

（一）

「今日まであらゆる社会の歴史は、階級闘争の歴史である」。

周知の『宣言』冒頭の文言である（大内兵衛・向坂逸郎訳、岩波文庫、三八頁）。階級闘争が、歴史発展の機関車であることを明らかにした至言である。

エンゲルスは、マルクス没後の後年、ここでいう「社会の歴史」とは「正確にいえば、文書をもって伝わってきた歴史である」と注記を加えている。『宣言』が公刊された一八四八年頃までは、とりわけモルガン（『古代社会』、青山道夫訳、岩波文庫）による解明までは、「文書をもって伝わってきた歴史」に先行する社会組織、すなわち原始共産主義・共同体社会の内部組織は、全然といっていいほど知られていなかったからである。

当時の主要生産手段たる土地の社会的共有を基礎とする、この無階級の共同体の解体とともに、諸階級への社会の分裂が始まった。エンゲルスが、モルガンの業績に主として依拠して、『家族、私有財産および国家の起源』（岩波文庫ほか）という、マルクス・レーニン主義の重要文献を執筆したことも周知のとおりであろう。

『宣言』が総括しているとおり、世界史は、これまで階級闘争とその頂点としての革命を機関車として、前進してきた。だが、その間、大小の反革命によって、逆戻りも繰り返してきた。その中で、史上最大のものは、言うまでもなく、今次（一九九一年）ソ連・東欧の〝崩壊〟である。キューバを筆頭とする諸国の奮闘はあるものの、これによって世界史の歯車は、大まかにいって、七〇年余り逆戻りした。

だが、社会主義は、歴史の発展法則の科学的必然であるから、いずれ後世、今次反革命の教訓（本書のⅣならびに『ソ連・東欧社会主義―崩壊の原因と教訓』社会主義協会刊、一九九三年、参照）を生かして、より強く安定した社会主義の世界的体制を、再び実現する時が必ず来るに違いない。

（二）

一九九一年の反革命まで続いた社会主義対資本主義の両体制間の対立と競争という、いわば外的タガを外《はず》すことに成功した独占資本は、これ以降、事実上、専一的な世界支配の体制を復活させた。搾取と政治反動を、国内においてのみならず、グローバルな規模で、ほしいままにする体制の復活である。

それを象徴するイデオロギーが、反動的な新自由主義であり、そしてこれと表裏一体をなす新保守主義である。新自由主義は、二〇〇八年のリーマン・ショックを引き金とする国際金融危機・世界同時恐慌によって、破綻が露《あらわ》となった後も、そのいわば対極をなすケインズ主義、新「福祉国家」「混合経済」論、「大きな政府」論、等々と並存しつつ、今なお生き長らえて今日に至っている。

マス・メディアも、国家独占主義としての「主要先進国」の二〇一〇年を、ブルジョアなりに、こう総括している。

「今年（二〇一〇年）の主要先進国は例外なく政治的統治能力の弱体化、不況下の財政再建という二律背反の経済運営、主要国中心の既存秩序に反発する新興国群の挑戦という三重苦のなかで仕切り直しを迫られた。

日米両国は参院選、中間選挙でいずれも与党民主党が敗北…」。

「頼みを失った『木より落ちた猿』（「猿も木から落ちる」とは違って、途方に暮れている状態の意）のように、先進国不本意の理由はイデオロギー的規範が見つからないことにあるように思える。

米国は金融資本やゼネラル・モーターズの救済に巨額の税金をつぎ込み、社会主義的に左傾したかに見えるが、これに反発して『小さな政府』や自由経済の堅持を主張する市民運動の『ティーパーティー（茶会）』が中間選挙に勝ったのは右傾化とも映る」。

「先進国には来る年もまだ出口が見えない」（「朝日新聞」、経済気象台、二〇一〇・一二・二三）。

（三）

「先進国不本意の理由」は、「イデオロギー的規範」が「見つからないことにある」という。ケインズ主義、新自由主義ともに、破綻が露となり、これらに代る新しい確たる「規範」を今なお見出しえないでいるという意味では、そのとおりである。「第三の道」を模索する菅、そしてオバマ等々の政治手法にみられる場当り主義、その都度主義、二枚・三枚舌等々の横行が、よく示しているとおりである。

だが、資本主義と独占資本の論理とイデオロギー（本質的性向）そのものは、その時期その時期に支配的な「規範」（政策基調）が、混沌として不在のままでも、なんら変わることなく、一貫して貫いている。一方における膨大な富の蓄積と他方における大量失業、極度の窮乏、著しい格差の拡大、激化である。『資本論』がいう「資本主義的蓄積の一般的法則」の貫徹である。資本主義の基本的矛盾（主要生産手段の独占資本による私有と生産の社会的性質の高度化）

の激化の反映である。

その代表例が、「先進国」のリーダーを今なお自認しつづけるオバマのアメリカである。ＦＲＢ（米連邦準備制度理事会）の一〇年一二月の発表によると、アメリカ大企業の内部留保（ため込んだ利益）は、九月末時点で過去最高の約一六二兆円に達し、また総資産に占めるその割合（七・四％）も半世紀ぶりの高水準に達している。また、フォーブス誌発表の世界の「長者番付」（二〇一〇年版）によると、一〇億ドル（約九〇〇億円）以上の資産を所有するアメリカを中心とする超「富豪」が、前年に比べ約三〇％増えて、一〇一一人に達し、その総資産も前年比約五〇％増の約三兆六〇〇〇億ドルに達している。

だが他方で、米労働省等の発表によると、ほぼ同じ時期に、全米で失業者約一五〇〇万人、失業率約一〇％と過去最高を更新し、「生活困窮者」（たとえば、四人家族の世帯収入で約一八七万円以下）も、史上最悪の四三六〇万人にも及んでいる。事態は、日本も、また他の「先進国」も大同小異であることは述べるまでもあるまい。

（四）

ブルジョア流総括のもう一つの代表的見本を、最後に挙げておこう。「日本再生への道」と題して、こう述べている。「年頭の新聞各紙の論調は日本の凋落の厳しさへの認識では共通していた。しかし、この暗転のスパイラルから脱却する処方箋はいま一つであった。それはこの危機を生み出した根本の原因が、私たちの意識（心）であることの認識が不十分なためではないか」。

「政治にも国民が希望と誇りの持てるビジョンを立て、その実現のために必要な苦しみは共に背負うことを迫るようなたくましさはない。経営は本来の奉仕対象である顧客よりも株主の利益を優先する市場の目にとらわれ、視野は狭まりダイナミズムを失っている。

そこには、試練によってこそ成長する人間のたくましさや、損得を越えて他に尽くすことから生まれる充実感や連帯感、創造力など、人間であるからこそ体験できる素晴らしさの忘却がある。

しかし、もうこの忘却の異常さに誰もが気付き始めている。その気付きの深さと転換への強い意志こそが日本を救う力だろう」（「朝日新聞」、経済気象台、二〇一一・一・七）。

「日本の凋落」と「危機」の「根本の原因」は、意識（心）であることの認識が不十分なため」である、という。そして、その「意識（心）」とは、「たくましさ」「ダイナミズム」「充実感」「連帯感」「創造力」であり、そして、これら「意識（心）」の「忘却」に「気付き」「認識」することこそ、「日本を救う力」であり、「日本再生」の「処方箋」である、と宣《のたま》う。

この種の〝ご宣託〟も、現代マスメディアを通じて流布されている流行例の一つである。ある意味当然なこととはいえ、資本主義（ましてや独占資本）との因果関係への言及は、更更ない。世直しの〝決め手〟は、まるで〝道徳教育〟の強化にある、と言わんばかりである。

繰り返すまでもなく、現下の勤労国民の一連の「窮乏化」は、基本的に、『資本論』がいう資本主義的蓄積の一般的法則の貫徹の産物である。だが、「窮乏化」の進展は、同時に、〝反撃の条件〟の成熟をも意味する。問題は、この条件を勤労大衆の組織された力の量的ならびに質的（意識・自覚）な成長に、どれだけ結実させうるか否かである。また、そうでなければ、事態の改善はありえない。

（初出、「社会主義」、二〇一一年三月号）

Ⅱの〈付〉「市場経済」批判は「誤解」か

(一)

活字離れの今時、息長く売れ筋のよい本の一つとして、『日本経済図説』という岩波新書がある。戦後最初に出された、その旧著(一九五五年刊)は、大内兵衛氏を編集代表としたが、現在出されている新著は、編者・執筆者とともに、まったく様変わりして、マクロ・ミクロ経済学者ばかりとなっている。ここにも階級情勢の変化が反映している。この新著の第四版(二〇一三年一〇月刊)の中に、「混合経済」—「政・官・財複合」、「二重経済」、「福祉国家」などと並んで現代資本主義すなわち国家独占資本主義のブルジョア的表現—という項があり、そこで、こう述べている。

「統制経済とか計画経済は、余程のとき以外は感心した経済システムではない。息苦しく、煩雑で、無駄が多い。だから我々は市場経済主義者である。しかし世の中には、市場経済は弱肉強食の世界であるとか、自由無責任の体制であるとか、米国従属経済であるとかいって批判する人が多い。

それらは誤解である。ただ、世の中には市場原理が全く働かない、また働くのを期待してはいけない分野がある。また、市場経済原理が働いても失敗する分野がある」。「医療の分野」と景気対策としての「政府の経済活動への関与」がそれである。「だから、『混合経済』というわけである」(一五四頁)。

現代の資本主義・市場経済は、一握りの独占資本（大企業、超高額所得者ほか）による、圧倒的多数派の勤労国民にたいする搾取に立脚する体制、すなわち現代的な「弱肉強食」そのものである。また、独占資本による独占利潤の取得（搾取）の「自由」は無限に保障する半面、社会的弱者の生活・労働苦などにたいしては、まったく「無責任」な「体制」である。アベノミクス下の実態が、如実に証明しているとおりである。だが、現代を「混合経済」と主張する「市場経済主義者」には、こういう認識はさらさらない。「計画経済」（社会主義）を「感心した経済システムではない」と批判しつつ、「市場経済」を擁護する。現代の主流をなす、この種の経済理論、経済・社会観に、勤労国民が多かれ少なかれ染まったら、勤労国民の真の幸せと社会の進歩は、団結と抵抗の強化以外にない、という発想と生き様《ざま》は育《はぐ》くまれようがない、ことはいうまでもない。

（二）

かつてマルクスは、いまから一四〇年ほど前になるが、『資本論』の「第二版の後書」で、ブルジョア的経済学の「俗流」化を批判して、次のように述べている。

「『資本論』が急速に広い範囲のドイツ労働者階級の中に理解を得たことは、私の仕事にたいする最良の酬《むくい》である。

一八四八年以来、資本主義的生産は急速にドイツで発展した。彼ら（学者）が経済学を、平らな気持で研究しえた時期には、近代的経済関係はドイツの現実にはなかった。これらの関係が成立したときには、もはやブルジョア的な視野の中で、とらわれずに研究することを許されない事情になっていた。経済学がブルジョア的であるかぎり、すなわち、資本主義的秩序が歴史的に経過的な発展段階としてでなく、逆に社会的生産の絶対的な最期の形成物として理解されるかぎり、経済学は、階級闘争がまだ潜在的である間だけ、またはただ個々の現象に現われている間だけ、科学としてとどまることができるにすぎない。

イギリスを例にとろう。その古典的経済学は、階級闘争未発達の時期にあたっている。その最後の偉大なる代表者であるリカードは、ついに意識して、階級利害の対立を、すなわち労働賃金と利潤、利潤と地代との対立を、素朴に社会的自然法則と考えて、彼の研究の跳躍点にしている。しかしながら、これとともに、ブルジョア的経済科学も、その超えがたい限界に到達したのであった。

ブルジョア階級はフランスとイギリスでは政治的権力を掌握していた。この時以後、階級闘争は、実際的にも論理的にも、次第に明瞭な差し迫った形態をとるようになった。階級闘争は科学的なブルジョア経済学の弔鐘をうちならした。いまや問題は、もはやあの定理が正しいとか、この定理が正しいとかということにあるのではなく、それが資本にとって有利であるか、不利であるか、便利であるか不便であるか、警察令に反するか反しないか、というようなことにあった」(岩波文庫、〈二〉、二〇〜二三頁)。

(三)

「俗流」化したブルジョア経済学にとっては、「資本主義的秩序が歴史的に経過的な発展段階としてではなく、逆に社会的生産の絶対的な最後の形成物として理解される」。したがって、「俗流経済学」の任務は、資本主義・市場経済の擁護と資本の利得実現の方法の「理論」化となる。

「俗流経済学」にとっては、「いまや問題は、もはやあの定理が正しいとか、この定理が正しいとかということにあるのではなく、それが資本にとって有利であるか、不利であるか、便利であるか不便であるか」、等々となる。引用文の中の「資本」を「独占資本」に置き換えれば、現代にも、そのまま通用する。というよりも、ますます妥当する。先に（一）で紹介した「混合経済」論も、「俗流経済学」の現代版の見本の一つである。

見本の一つというのは、今日、ケインズ主義、新自由主義を筆頭に、その亜流、変種、等々が乱立状態を呈しているからである。現代の国家独占資本主義の矛盾、危機、混沌性が、内外含めて、これまでになく深まっていることの一反映でもある。「俗流経済学」の「俗流」性―本性と特徴は、とりわけ経済政策面に如実に現れる。〃アベノミクス〃は国粋主義的な超反動政治と並んで、独占資本奉仕という「俗流」性において、戦後最高に露骨といっても過言ではないであろう。これが「デフレからの脱却と経済成長率の引き上げを目指す経済政策」（前掲、新書二〇八頁）、〃アベノミクス〃の正体である。

独占資本の利得に資する「公共」投資の大盤振舞、「復興税」の前倒し廃止、法人実効税率の引き下げ、消費税率の引上げ、「異次元の金融緩和」という〃モルヒネ〃による株価のつりあげ、円安・輸出拡大、外国企業の大型買収、労働者派遣法の改悪（「生涯派遣化」）、ＴＰＰ参加と「減反廃止」、原発の再稼動と輸出、武器輸出の解禁、等々―枚挙に遑《いとま》が無い。

（初出、「旬刊・社会通信」、一一六四号）

Ⅲ

Ⅲの一　マルクス主義の財政論――階級・国家・財政――

（一）いわゆる経済学プランと財政論

財政論を、はじめて科学として基本的に確立したのも、事実上、マルクス・エンゲルスであったといってよい。唯物史観、『資本論』、階級国家論が、マルクス主義の財政論を構成するいわば三つの柱をなしている。唯物史観を「導きの糸」としつつ、『資本論』と階級国家論を結合することによって、財政現象の科学的・理論的な解明もはじめて可能となったからである。ただ、マルクス・エンゲルスは、みずからの財政論を体系的な一書としては残していない。しかし、『資本論』をはじめとする諸著作や多数の論文・評論のなかで、「二つの偉大な発見、すなわち、唯物史観と剰余価値による資本主義的生産の秘密の暴露」（エンゲルス『反デューリング論』所収、全集第二〇巻、二六頁）並びに国家論を基礎としつつ、国家財政に関する理論的・実証的な分析と見解とを豊富に残している。

マルクス・エンゲルスとりわけマルクスが、いずれ体系的に財政論を展開する予定をもっていたであろうということ、そしてその際、何をどのようにとりあげるつもりであったかということは、『経済学批判』の「序言」や『「経済学批判への」序説』に記されたいわゆる経済学プランによって、ほぼうかがい知ることができる。このなかでマルクス・エンゲルスは、「市民社会の内部構造を形成していて、それに基づいて基礎的な諸階級が存在する諸範疇・資本・賃労働・土地所有・それらの相互関係・都市と農村・三大社会階級・そのあいだの交換・流通・信用制度（私的）」、いいかえれば「近代市民社会がわかれている三大階級の経済的生活諸条件」を解明したのち（以上が『資本論』の内容にほぼ該当する）、そのうえに立って「国家の形態でのブルジョア社会の総括」を行ない、そこでの具体的な分析対象として、「『不生産的』階級・租税・国債・公信用」（全集第一三巻、六三五頁）などを想定していた。

こうしてマルクス・エンゲルスは、経済学プランの全体構想の一環として、すなわち『資本論』の一続編として国家財政論を予定し、それを、「近代市民社会がわかれている三大階級の経済的生活諸条件」と「近代社会の経済的運動法則」（資本論、全集第二三巻a、一〇頁）の理論的解明を踏まえた「国家の形態でのブルジョア社会の総括」の中心に位置づけ、このなかで、「租税・国債・公信用」等を手段とする上部構造としての国家の経済的役割とその意義を明らかにする意図をもっていたといってよい。そして実際、資本主義国家財政の歴史的・階級的な本質と役割に関する彼らの根本見解は、彼らの数多くの著作や論文の随所に示されている。

（二）唯物史観と国家財政

一、上部構造としての国家財政

マルクス・エンゲルスによる財政現象の具体的分析と財政論の科学的展開にとっても、「導きの糸」となったのは、いうまでもなく唯物史観の見地であった。唯物史観の根本命題は、「単に経済学にとってばかりでなく、すべての歴史科学（そして自然科学でないすべての科学は歴史科学である）にとっても一つの革命的発見であった」（全集第一三巻、四七二頁）と、エンゲルス自身その決定的意義を強調している。

唯物史観の見地によれば、国家財政は、社会の上部構造を構成する一要素であり、その活動は上部構造としての一機能である。財政は、政治の物質的裏づけをなす経済という意味において一種の経済であるといってもよいが、しかしそれは、本質的には、上部構造としての国家の権力行為の一側面——経済的側面——をなしている。そして、この国家そのものは、「物質的生産諸力の特定の発展段階に対応する生産諸関係の総体」としての「社会の経済的構造」（全集第一三巻、六頁）、つまり下部構造を「現実的な土台」（同前）として、その上に存立し、それによって基本的に規定される上部構造にほかならないからである。したがって、国家財政の歴史的並びに階級的性格、その形態と機能は、究極的には、社会の下部構造によって規定され、あるいは制約される。この意味で国家財政は、観念論によってしばしば逆立ちして理解されるのであるが、「決定する要素」ではなく「決定される要素」である。それは、「独立的発展をなす独立の領域ではなく、その現在の状態もその発展も、結局は社会の経済的生活諸条件」によって規定され、したがってまたそれは、「全体としては、生産を支配する階級の経済的要求が総括された形で反映したものにすぎない」（全集第二一巻、三〇六頁）ということができる。

二、財政の被規定性と反作用

このように国家財政は、基本的・究極的には、下部構造によって「決定される要素」であるとしても、しかしこのことは、下部構造が「唯一の決定要素」であり、「唯一の能動的なもの」（全集第三七巻、四〇二頁、第三九巻、一八六頁）であって、それに反し財政は、下部構造にたいしてもっぱら受動的であり、なんらの積極的な働きかけもなしえないことをけっして意味するものではない。下部構造が「第一次的動因」であるとしても、そのことは、上部構造としての財政が、「再び第二次的ではあるが反作用的な影響を与えることを除外しない。」財政は、下部構造にたいする「相対的独立性によって、再び生産の諸条件や進行に反作用する。」つまり、「究極的には常に自分を押し通す経済的必然性の基礎の上における交互作用」として、国家と国家財政も、一つの「経済的な力」として作用する。「たとえば国家は、保護関税、自由貿易、良いまたは悪い国庫状態等によって作用」（全集第三七巻、三七九、四二四頁、第三九巻、一八六頁）する。

こうして国家財政の「反作用」と「交互作用」は、大きく分けて基本的に次の二様の方向をとる。一つは、それが、「合法則的な経済的発展の意味において、またその方向に向かって作用する」かぎりでは、基本的に「両者のあいだでは何のいざこざもなく、経済発展は促進される」、あるいは、経済的「発展の速度を速め」る。しかし、これと反対に、それが、「合法則的な経済的な発展にたいして反対に作用する」か、その「反作用が逆の方向に働く」場合には、「経済的発展を邪魔し」、「経済的発展に大きな傷害を与え、力および素材の浪費を大量につくり出し」、「経済的発展から特定の方向を遮断して、他の方向を指図」し、その発展方向ないし発現形態を変更ないし「変形させ」る。しかし、これも一時的であって、長期的には、そして結局は、客観的な経済的合法則性に「適応」することを余儀なくされ、したがって「その作用は、結局は消えてしま」い、「きまって経済的発展に屈服する」（全集第三七巻、四二四〜四二五頁。第二〇巻、一八九〜一九〇頁）。

これを具体的な事例でいえば、前者の場合に該当するのが、たとえば、物質的生産力を封建的桎梏から開放する歴史的・客観的役割を果たす本源的蓄積期の国家財政、資本主義の自由主義段階への移行と発展の時期における自由主義的財政政策、後進資本主義国におけるいわゆる育成（保護）関税、さらにはプロレタリア階級独裁の経済的基礎をなす社会主義国家財政など、がそれである。これにたいして、後者の場合の例として、たとえば、独占価格並びに独占資本の国内市場を保護する役割を果たすカルテル関税、あるいは総じて資本主義の独占段階とりわけ国家独占資本主義期の国家財政一般――というのは、それは、短期的かつ局部的には生産力と資本蓄積を政策的に加速する側面をもっていることはいうまでもないが、しかし、歴史発展の長期的観点からすれば、現代国家独占資本主義は、「生産力の発展」に「照応」する形態ではなく、とっくにその「桎梏」となっていること、そしてこの「桎梏」化した生産関係を維持し、延命するために、反動的な一役割を客観的に果たしているのが、一般に現代資本主義の国家財政にほかならないから――をあげることができる。

そして最後に指摘しておかなければならないのは、国家財政の「反作用」と「相互作用」は――いずれの方向をとるにせよ――、階級社会においては、その社会の基本的矛盾――生産力と生産関係との矛盾――の発展を促し、したがってそれとともに階級的対立と階級闘争の発展をいっそう促進するということ、こうしてそれは、つまるところ、社会のより高度の段階への移行と歴史発展の物質的・主体的諸条件を加速的に成熟させるということである。資本主義財政に即していえば、資本主義の基本的・内在的矛盾の発展並びにそれとともに労資の「敵対的」な階級対立と階級闘争の発展を促進し、そうすることによって、「この敵対を解決するための諸条件」（全集第一三巻、七頁）、すなわち社会主義移行の一般的な客観的・主体的条件の成熟を促進するということである。

（三）財政の主体としての国家

ブルジョア的財政論は、多くの場合、その体系から国家論を除外し、しかもそうすることによって超階級的な非科学的国家論を暗黙のうちに事実上前提している。しかし、すでに指摘したように、財政は、国家権力の経済行為であるから本質的には社会の上部構造に属し、この意味で国家は財政活動の直接の主体をなしている。ここに、一種の経済としての財政の特殊性があるということもできる。こうして、国家論抜きには――ましてや、非科学的・観念的な超階級的国家論を暗黙に前提したうえでは――、財政現象を科学的かつ十分にとらえることはできないことは明らかである。というよりはむしろ、国家論は、財政論の不可分の一環をなすといわなければならない。

一、国家の発生と起源

マルクス・エンゲルスが科学的国家論を確立する際の出発点をなしたのは、従来、頭で立っていた「観念的・哲学的」(レーニン『国家について』、全集第二九巻、四七九頁)国家論を、史的唯物論の基礎のうえに打ち立てることであった。そしてそれによって、国家とは、物質的生産力の一定の歴史的発展段階において、そしてそのもとでの階級の出現と社会の階級への分裂とともに必然的に生まれた、「階級対立の非和解性の産物」(レーニン『国家と革命』、全集第二五巻、四一六頁)にほかならぬことを初めて解明した。「国家は永遠の昔からあるものではない。国家なしにすませていた社会、国家や国家権力のことなど夢にも考えなかった社会が、かってはあった。諸階級への社会の分裂を必然的に伴った経済的発展の一定の段階で、この分裂によって国家が一つの必要物になった」「国家は……一定の発展段階における社会の産物である。それは、この社会が自分自身との解決不可能な矛盾に絡みこまれ、自分でははらいのける力のない、和解できない対立物に分裂したことの告白である。ところで、これらの対立物が、すなわち相争う経済的利害をもつ諸階級が、無益な闘争によって自分自身と社会を消耗させることのないようにするためには、外見上社会のうえに立ってこの衝突を緩和し、それを『秩序』の枠内に引きとめておく権力が必要になった。そして、社会から生まれながら社会のうえに立ち、社会にたいしてみずからをますます疎外していくこの権力が、国家である」(エンゲルス『家族、私有財産および国家の起源』、全集第二一巻、一七二、一六九頁)。

このように、マルクス・エンゲルスは、物質的生産力の発展――生産手段の私的所有の発生に伴う階級の発生と、社会の諸階級への分裂――非和解的な階級対立と階級闘争の発生と発展という歴史的条件のなかから、階級支配（抑圧）のための「公」権力としての国家発生の歴史的必然性を明らかにした。いまや社会は、原則的に「和解できない対立物」、敵対的な諸階級へ分裂した。だが、このなかで支配階級は、みずからが支配する社会を解体するのでないかぎり、自分の敵対的な「対立物」である被支配階級を根絶するわけにはいかない。そうであるかぎり支配階級は、被支配階級を抑圧しつつ支配し、一定の『秩序』の枠内にひきとめておく」ための「公的」強力を不可避的に必要とする。同時にまた、そのような「公的」強力の出現が必然となる。ここにおいて国家が歴史上はじめて発生し、「血縁団体に立脚する古い社会（すなわち原始共産主義の氏族共同体）は、新たに発展してきた社会諸階級の衝突のなかで打ち砕かれる。それに代わって、国家に総括された新しい社会（奴隷制社会）が現われる」（同前、全集第二一巻、一六八頁）。

二、国家の歴史的・社会的本質

こうして国家は、社会の一定の歴史的発展段階において、社会の階級への分裂と階級対立の発生とともに必然的に生まれた歴史的・社会的産物である。ここからまた国家の本質と特徴もおのずから規定される。国家は階級対立を抑制しておく必要から生まれたものであるから、だが同時にこれらの階級の衝突のただなかで生まれたものであるから、それは、通例、最も勢力のある、経済的に支配する階級の国家である。この階級は、国家を用具として政治的にも支配する階級となり、こうして、被抑圧階級を抑圧し搾取するための新しい手段を手にいれる。たとえば、古代国家は、なによりもまず奴隷を抑圧するための奴隷所有者の国家であった。おなじように、封建国家は農奴的農民と隷農を抑圧するための貴族の機関であったし、近代の代議制国家は、資本が賃労働を搾取するための道具である（同前、全集第二一巻、一七〇～一七一頁)。「階級対立のかたちをとって運動してきたこれまでの社会には、国家が必要であった。つまり、そのときどきの搾取階級が、自分たちの外的な生産諸条件を維持するため、したがって、とくに現存の生産様式によって規定される抑圧の諸条件(奴隷制、農奴制または隷農制、賃労働)のもとに被搾取階級を力ずくでおさえつけておくために使う組織が必要であった。国家は全社会の公式の代表者であり、目に見える一団体に全社会を総括したものであった。しかし、国家がそういうものであったのは、国家がそれぞれの時代に全社会をみずから代表していた階級の国家――すなわち、古代では奴隷所有者である国家市民の、中世では封建貴族の、現代ではブルジョアジーの国家――であったかぎりにすぎなかった。」(エンゲルス『反デューリング論』、全集第二〇巻、二八九頁)。

みられるように、国家とは、社会の基本的生産手段を所有する「支配階級の国家であり、そしてどんな場合にも、本質上、被抑圧・被搾取階級を抑圧するための機構」であり、「他の階級を抑圧するための一階級の組織された強力」である。ここに、国家の歴史的・社会的本質と役割がある。そして、これによって、「自分たちの外的な生産諸条件」と「現存の生産様式によって規定される抑圧の諸条件」、さらにはこれらを土台とする全社会体制を維持し強化する。このかぎりでは、国家がいかに多様な歴史的諸形態をとろうとも、共通して変わらぬ根本特徴をなしている。

だが、ここでの財政論の主題からすれば、問題は資本主義の国家形態とその本質である。マルクス・エンゲルスによれば、資本主義も多様な国家形態をとりうるとはいえ、ブルジョア民主共和制(いわゆる普通選挙制に基礎をおく立憲議会主義)こそが、一般に、資本主義の下部構造に歴史的に照応する――あるいはそれを反映した――「正常な形態」(レーニン、全集第二三巻、三七九頁)である。すなわちブルジョア民主共和制は、実質的に存在する「財産(生産手段)の差(その所有と非所有)」(エンゲルス『家族、私有財産および国家の起源』、全集第二一巻、一七一頁)、したがって階級と階級搾取を、全社会成員の法律(形式)上の自由・平等という形態によって隠蔽し、またその形態を通じて、ブルジョアジーの階級独裁（支配）を実質的に実現し確保する、資本主義に歴史的に固有の「正常な形態」である。マルクス・エンゲルス並びにレーニンは、資本主義の国家形態について、このような歴史的規定と特徴づけを与えたのち、資本主義国家の階級的本質と基本的役割を次のように簡潔に要約している。「近代の代議制国家は、資本が賃労働を搾取するための道具である」（同前、全集第二一巻、一七一頁）。「近代の国家権力は、ブルジョア階級全体の共同事務を処理する委員会にすぎない」（マルクス・エンゲルス『共産党宣言』、全集第四巻、四七七頁）。「近代国家は、どういう形態をとっているにせよ、本質上は資本家の機関であり、資本家の国家であり、観念上の総資本家である。」（エンゲルス『反デューリング論』、全集第二〇巻、二八七頁）。「ブルジョア国家の形態は多種多様であるが、その本質は一つである。これらの国家はみな、形態はどうあろうとも、結局のところ、かならずブルジョアジーの独裁なのである」（レーニン『国家と革命』、全集第二五巻、四四五頁）。

(四) 国家の経済的基礎としての財政

一、階級支配の経済的基礎

上述の、国家とりわけブルジョア国家の本質規定から、国家財政とは、まず何よりも支配階級による階級支配の経済的基礎をなすという規定が導き出される。この意味で、それ自体としては歳入・歳出の見積もりにすぎない国家予算は、本質としてつねにそれぞれの階級社会における支配階級の「階級予算」（マルクス『ポンド、シリング、ペンス、または階級予算』、全集第九巻、六一頁）ということができる。マルクス・エンゲルスは、ブルジョアジーの「階級予算」としての資本主義国家財政の本質を、端的にこう述べている。「ブルジョア国家は、自己の階級の個々の成員および被搾取階級にたいするブルジョア階級の相互保険会社以外のものではない。それは被搾取階級の抑圧がますます困難になるので、ますます経費がかさみ、また、ブルジョア社会にたいして外見上ますます独自化せざるをえない保険会社である」（マルクス・エンゲルス『社会主義と租税』、全集第七巻、二九五頁）。つまりブルジョア国家の財政は、ブルジョア階級のプロレタリア階級にたいする階級支配と、支配階級としてのブルジョア階級の存続と安全を保障するという、ブルジョア国家の基本的・第一次的機能を確保するための経済的基礎をなし、この意味でまさしく「ブルジョア階級の相互保険会社」である。したがって歳入・歳出は、「自己の階級の個々の成員および被搾取階級にたいするブルジョア階級の相互保険」のための、掛金であり経費である。しかも、資本主義が発展するとともにその基本的矛盾と階級対立が必然的に激化していき、そのために「被搾取階級の抑圧がますます困難になるので」、経費とともに掛金も一般に必然的に膨張していかざるをえない——これが要するにブルジョア国家財政の一般的な本質であり傾向である。

ところで、ブルジョア国家は、決定的な社会的生産手段の所有者である社会主義国家と違って、経済的に「寄生的」国家（マルクス『ルイ・ボナパルトのブリュメール一八日』、全集第八巻、一九二頁）であるから、活動に必要な経済的基礎=財源を確保するためには、社会的価値生産物ないし国民所得の一定部分を権力的に調達した収入に決定的に「寄生」するほかない。つまり資本主義国家の収入において、租税が決定的意義と比重とを必然的にもつことになる。「租税額について一定額を先取する権利」（先取りされた租税）（『資本論』第三巻、全集第二五巻b、六〇九頁）としての公債を含めれば、ますますそうである。こうして、「租税は政府機関の経済的基礎」（マルクス『ゴータ綱領批判』、全集第一九巻、三〇頁）であり、「経済的に表現された国家の定在」（マルクス『道徳的批判と批判的道徳』、全集第四巻、三六五頁）である。このことは、同時に、国家財政のいわばメダルの反面をなす経費にも当然当てはまる。階級支配という国家の基本的・第一次的機能を果たすに要する財政支出が、ブルジョア国家の経費の本質だからである。広義の国家機関費、軍事・警察費、外交費などが、そうした役割を基本的にもった経費であることは説明を要しないであろう。だが、さらに、一見階級支配と無縁にみえる社会保障関係経費等もまた同様である。というのは、それらは、いわゆる階級懐柔策に要する経費という意味で、「階級としてのブルジョアジーの支配を保障する」（レーニン『社会民主党の農業綱領』、全集第一五巻、一六一頁）ものとしての資本主義的国家経費の階級的本質において、なんら変わりないからである。

二、資本蓄積の補完・促進（追加搾取の特殊な一形態）

資本主義国家財政は、さらになお、第二次的・副次的役割として、上部構造の「反作用」としての一定の経済的役割をも果たす。その内容を一言でいえば、資本蓄積の補完・促進という役割である。最大限利潤追求を本質とする下部構造によって基本的に規定された資本主義の国家財政は、逆にまたその「反作用」として、個別資本の蓄積と利潤追求を補完し、促進する。そしてこれは、「生産過程自体で直接に行なわれる本源的搾取」にたいして、「総資本」としての国家による追加的な「二次的な搾取」（『資本論』第三巻、全集第二五巻b、七八六頁）を意味している。「個々の資本家は個々の農民を抵当や高利貸付によって搾取し、資本家階級は農民階級を国家の税によって搾取する」（マルクス『フランスにおける階級闘争』、全集第七巻、八一頁）。事実、資本主義の国家は、国家による国民所得の再「分配」という形態をとりつつ、租税・公債・経費等を槓杆とし、さらには地方財政をも動員して追加搾取を強化し、それによって個別資本の資本蓄積を援助し促進する。そしてこれは、現代の国家独占資本主義において頂点に達する。

ただ、資本蓄積と一言でいっても、資本主義の生成、発展、没落という歴史的発展段階の相違に応じて、その内容や性格に一定の歴史的変化があり、したがってまた、それにたいする国家財政の「反作用」――補完・促進――の仕方にも当然一定の歴史的変化がある。だが、いずれにせよ、国家財政が、資本主義のそれぞれの発展段階の歴史的条件に規定されつつ、それぞれの仕方で、個別資本の資本蓄積を補完・促進してきたこと、そしてまた現にしていることに変わりはない。マルクス・エンゲルスは、彼らが存命しえた資本主義発展の前二つの時期、すなわち、重商主義段階における資本の本源的蓄積並びに自由主義段階における本来の意味の資本蓄積と国家財政との関連、その内容と意義――被規定性と反作用――について、次のように指摘している。「本源的蓄積の種々の契機は……一七世紀末には植民制度、国債制度、近代的租税制度および保護貿易制度において、体系的に総括される。これらの方法は、一部は最も兇暴な強力に基づいて行なわれる。たとえば、植民制度の如きはそれである。しかし、封建的生産様式の資本主義的生産様式への転化過程を、温室的に促進して過渡期間を短縮するためには、いずれの方法も、社会の集中され組織された強力である国家権力を利用する。強力は、新しい社会をはらむ、すべての古い社会の助産婦である。それ自体が一つの経済的な力なのである。」(『資本論』第一巻。全集第二三巻b、九八〇頁)。

「自由貿易政策の基礎は所得税であった。直接税が自由貿易の財政的表現である。」(マルクス『イギリスの新予算』、全集第一二巻、一二四頁)。「近代的分業や大工業制度が発展し、国内商業が外国貿易や世界市場に直接依存するようになってくるにしたがって、間接税制度は社会の要求と二重の衝突をするに至る。それは、国境を接した地方では保護関税とまったく同じものとなり、他国との自由な通商を妨害したり阻止したりする。内陸地域では、それは国庫が生産に介入するのと同じことになり、諸商品の相対価値をくるわせ、自由な競争と交換を乱す。これら二つの理由で、その廃止が必要になる。……そこで問題は、自由貿易制度のために、いやでも直接税制度を採用せざるをえないイギリスの工業階級は、一般の憤慨も招かず、自分たちの負担も増やさずに、直接税制度をとり入れるにはどうすればいいか、ということになる。」（マルクス『議会――ディズレーリの予算』、全集第八巻、四六四頁）。

（五）財政問題と階級闘争

資本主義国家財政の本質と役割、その歴史的特徴が以上のごときものであるかぎり、国家財政も階級闘争の重要な一舞台をなし、したがって、また、いっさいの財政問題も実践的には階級闘争の問題に結局帰着することは当然であり、必然である。財政問題にたいするマルクス・エンゲルスの実践的態度は、ブルジョア的・小ブルジョア的な税制改革論批判、あるいはいわゆる「財政社会主義」論批判のかたちで包括的に示されている。「税制改革は、すべての急進的ブルジョアの十八番であり、すべてのブルジョア的な経済的改革の特有の要素である。……ブルジョアは、租税の平等分配という幻想的な理想を、実践においてそれが彼らの手中から消え失せれば消え失せるほど、ますます熱心に追い求める。

直接にブルジョア的生産に基づく分配諸関係、労賃と利潤、利潤と利子、地代と利潤の関係は、租税によっては、せいぜい副次的な点で修正を加えることができるだけで、けっして、その基礎を脅かされることはない。租税に関するあらゆる研究と論議は、このブルジョア的諸関係が永遠に存続することを前提としている。租税の廃止でさえも、ブルジョア的所有の発展とその諸矛盾の発展を促進することができるだけであろう。

租税が個々の階級に特典を与え、他の階級を特に圧迫するということはある。これは、たとえば、金融貴族の支配のもとで行なわれているところである。租税は、ブルジョアジーとプロレタリアートとのあいだにある社会の中間諸層――これは、その地位からして、租税の負担を他の階級に転嫁することができない――を没落させるにすぎない。

プロレタリアートは、新しい租税のたびごとに、その地位を一段と低く押し下げられる。古い租税の廃止は、労賃を高めないで利潤を高める。……租税の軽減、その平等配分等々、それは、月なみのブルジョア的改革である。租税の廃止、それはブルジョア的社会主義である」（マルクス・エンゲルス『書評「社会主義と租税」』、全集第七巻、二九三〜二九四頁）。

だがもちろん、このような改良主義としての税制改革論ないし「財政社会主義」論にたいする批判は、階級闘争としての改良闘争の否定をけっして意味するものではない。反対である。たとえばエンゲルスは、有名なエルフルト綱領批判のなかで、綱領草案第一〇項の財政要求に関しての次のような忠言を与えている。「ここのところ私だったらこういうだろう。『課税の必要があるかぎり、国、県および市町村のすべての経費を支弁するための累進……税、国および地方のすべての間接税、関税等々の廃止』」（全集第二二巻、二四四頁）。この短な忠言のなかに、マルクス・エンゲルスが当時主張した（あるいは社会主義政党と労働者階級がとるべき）、財政問題をめぐる階級闘争の一般的かつ具体的な指針――原則的・基本的態度と具体的要求――が端的に示されているといってよい。その第一は、ブルジョア階級の「階級予算」にたいする原則的拒否の態度、第二に、この大原則の上に立った、あるいはこの大原則の具体化としての、間接税の廃止（もしくは軽減）と剰余価値並びにその分配諸形態にたいする累進・直接課税の要求、がそれである。この点レーニンの場合には、資本主義と階級闘争のより高い発展段階を反映して、いっそう具体的で体系的に示されている。たとえば、こう述べている。「予算問題については、本協議会（ロシア社会民主労働党第五回全国協議会、一九〇八年）は、予算全体に賛成投票することは原則的にゆるされないものとみとめられる、と考える。大衆の抑圧手段の経費を法的に確認している、階級国家の予算の個々の項目に賛成投票することも、同じくゆるされないとみとめられる。改革、または文化的欲求の費目に賛成するにあたっては、わが党の綱領の原則、すなわち社会民主党員は、勤労階級にたいする警察的＝官僚的後見と結びついた諸改革を排撃するという原則を、もっとも重要なものとみなすべきである。だから、第三国会でとおされる、いわゆる諸改革と、いわゆる文化的欲求の費目とに反対投票することは、原則でなければならない。一般的条件にもかかわらず、勤労者の状態の改善がありうるという以上にでない特殊なばあいには、棄権して、その棄権の理由について特別の声明をだすことが望ましい。最後に、労働者にとってはっきり利益だということが疑いないような例外的なばあいには、『賛成』投票することがゆるされるが、しかし中央委員会、党組織、労働組合組織の代表者との協議がのぞましい」（全集第一五巻、三一四〜三一五頁）。「間接税はもっとも不公平な税金である。間接税というのは、貧乏人にかけられる税金である。……所得税、あるいはもっと正確にいえば、累進所得税は、間接税よりずっと公平であろう。だから、社会民主主義者は、間接税の廃止と累進所得税の制定をかちとろうと、つとめているのである。しかし、有産者の全体、ブルジョア全体がこれを望まないで、反対することは、わかりきっている。ただ貧農と都市労働者の強固な同盟だけが、ブルジョアジーからこの改善をたたかいとることができるのである」（『貧農に訴える』、全集第六巻、四一二〜四一四頁）と。

以上のマルクス・エンゲルス並びにレーニンの見解——確かにそれらは、その国その時の歴史的特殊性を多かれ少なかれ反映しているとはいえ——のなかに、現代へ通じる一般性、すなわち階級闘争の見地に一貫して立った財政問題にたいする実践的態度、あるいは、財政問題にたいする革命と改良の弁証法のみごとな、教訓に富んだ適用をみることができる。

（初出・岡崎次郎編『現代マルクス・レーニン主義事典』、社会思想社、一九八〇年、七一三〜七一八頁）

【文献】


大内兵衛、「財政学大綱」、岩波書店、一九三〇年、『大内兵衛著作集』第一巻所収、岩波書店、一九七四年。

大内兵衛・武田隆夫、『財政学』、弘文堂、一九五五年。

小林晃、『現代財政論』、新評論、一九七六年。第二版、一九八〇年。

向坂逸郎、『マルクス経済学の諸問題』、岩波書店、一九六二年。

同、『マルクス経済学の方法』、岩波書店、一九五九年。

同、『経済学方法論』、社会主義協会、一九七九年(一九四九年、河出書房版の復刊)。

島恭彦、『財政学原理』、日本評論社、一九五四年。

武田隆夫・遠藤湘吉・大内力、『近代財政の理論』、時潮社、一九五五年、再訂版、一九七二年。

林栄夫・柴田徳衛・高橋誠・宮本憲一編、『現代財政学体系』第一巻、有斐閣、一九七四年。

広田司郎、『ドイツ社会民主党と財政政策』、有斐閣、一九六二年。

小林晃、『マルクス主義財政論』、新評論、一九八〇年。

同、『財政学要説』、税務経理協会、一九九二年。

同、『現代租税論の再検討』、増補版、税務経理協会、二〇〇〇年。

Ⅲの二　「市場社会」と国家財政

（一）はじめに

現状分析とその手法としての方法論は、いうまでもなく車の両輪である。近年、とりわけ後者の動揺ないし混迷は、筆者の痛感するところである。改憲を頂点とする反動と逆コースの嵐が、税・財政の分野を含めて、吹き荒ぶといっても過言ではない状況が進行してる時だけに、その重要性がますます大きくなっているにも拘らずである。方法論の再確認と深化なくして、正しい現状分析は不可能であり、また同時に、正しい現状分析なくして、科学的な方法論の豊富化は不可能である。

このような時期に、「財政学の復活と再生を目指したテキスト」として、神野直彦氏による『財政学』が出された（二〇〇二年・有斐閣）。まことに時宜を得たというべきであろう。論点は多岐にわたるが、財政学の「復活」と「再生」という観点からみて興味ある問題点に限って、また内容の肯定的側面よりも、あえて疑問・批判点を中心に、若干のコメントを付しつつ、筆者なりに問題を提起しておきたい。

（二）財政とは何か

まず第一の問題点は、そもそも財政とは何かという点についてである。神野氏は要約して、次のようにのべられている。

(1)財政は市場社会の成立とともに誕生した（日本では明治維新以降）、(2)現代の国民経済は、企業、家計、政府の三つの経済主体から成り立っているが、この中で財政は「政府（国家）の経済」であり、「貨幣による統治」である。、(3)財政は社会（経済、政治、社会の「三つのサブシステム」）を統合する媒介環である。(4)したがって財政学は、「社会科学の境界線上の科学」である（前掲書、一八頁）。

だが、この整理の仕方には、不正確な混乱が幾分含まれているように思われる。それは、とりわけ、「財政は市場社会の成立とともに誕生した」という点である。

「常識」に従って、財政を「政府（国家）の経済」と解すれば、それは原始共同体の崩壊以降、国家権力の発生とともに、その経済的裏付けとして「誕生」し、またその後も、各々の社会体制と国家権力に固有の歴史的性質をもった財政として存続した、と解する方が正当であろう。「市場社会（資本主義社会……なお教授も、ほぼ同義語として使用されているが、資本主義という用語は一切使われていない）の成立とともに誕生した」のは、財政一般でも封建財政でもなく、国家の収支が、一般的・基本的に貨幣形態をとる近代財政である。このように、財政すなわち国家の収支が、原則として貨幣形態をとる（あるいは、教授がいわれるように「三つのシステムが分離する」ことを含めてもよい）ところに、資本主義（「市場社会」下の）財政の一般的で基本的な歴史的特徴がある。

社会科学を特徴づける論理（性）と歴史（性）の相関、あるいは教授の文言を借りれば「理論と歴史の交錯」が意味することは、こうした資本主義財政の歴史性の理論的解明（資本主義という体制の枠内における幾つかの発展段階の解明も含む）であり、それによる各国別、時期別等々の実証的分析である。一言でいえば、これが現代の――資本主義を支配的体制とするのが現状であるから――財政学の課題である、というべきであろう。

財政は「歴史現象」であるということを随所で強調されているが、財政を含む社会現象は歴史現象でもあること、歴史性をもつということの意味を、たんに時の経過とともに生成、発展、変化するという「常識」的な意味でしか解されていない――自然現象の歴史性と事実上同一視――ように思われる。

（三）「市場原理」と税・財政

第二の問題点は、「市場社会」下の財政に関する具体的規定についてである。

社会総体に占める財政の位置と特殊性からして、財政とは何かについて述べようとすると、否応なく、経済理論、国家論、社会発展史論など、多方面に及ぶ重大な問題に多かれ少なかれ言及せざるをえない。ここにも、財政学を「社会科学の境界線上の科学」と主張されるゆえんがよく示されている。『財政学』のどのテキストも例外なく、固有の財政そのものに関する見方・考え方はもちろんのこと、筆者自身の経済観、国家観、社会・歴史観がいわば凝縮して示される。この意味で、財政とは何かという設問とその解答は、『財政学』のスタートであるとともにゴールでもあるといってよい。

問題の第一は、「市場社会」と財政（学）に関する基本的捉え方にみられる二元論的傾向についてである。「市場社会」は「市場的人間関係」と「非市場的人間関係」によって構成されており、財政がいわば異質の両者を結合（媒介）

することによって、初めてトータル・システムとして存立可能といわれている。さらに後者の「非市場的人間関係」には、これまた異質の「情緒的紐帯」にもとずく「共同体的人間関係」と「強制力にもとずく支配・被支配」という「強制的人間関係」が存在するといわれる。このうち後者は〝国家権力〟と多分呼んでよいと思われるが――教授は、この用語も使用されていない――、「民主主義が成立している市場社会では、被支配者が支配者になるというアンビバレントな関係が形成される」と主張される。

こうした「市場社会」の認識を踏まえて、「市場的人間関係」を対象とする経済学は、「経済合理性を備えた経済人（ホモ・エコノミカス）」という人間像を前提とするのに対して、「トータル・システムとして社会を統合する媒介環」としての財政、そしてこの「非市場的人間関係」を対象とする財政学は、「社会を形成する全体性を備えたホモ・サピエンス」という人間像を前提する。「この意味で財政学は人間性回復の経済学ということになる」（財政学以前の他の分野の経済学では、人間性回復は不可能？）と主張されている。

しかし、このように「市場社会」を異質の二要素（ないし三要素）に分解し、その延長戦上に財政（学）の特異性を強調する立論の仕方には、少々恣意的で機械的な二元論的難点があるように思われる。歴史上存在する社会体制（構成体）は、どれも皆、それぞれに固有の「原理」にもとづいて基本的に一元的に構成され、運動すると捉えるべきだからである。社会の諸分野の特殊（異）性は、この基本的枠組の範囲内の問題であって、それ以上でも以下でもない。「市場社会」では、いわゆる「市場原理」によって、社会のあらゆる分野が基本的に一元的に支配されていることに変りはない。

ただ、社会を構成する分野のいかんによって、その原理の貫徹の程度や現象形態等々に一定の差異があるというように過ぎない。同一の光でも、プリズムのいかんによって、様々な現象形態をとって発現するのと似ている。教授がいわれる「経済システム」では、「市場原理」はいわばストレートに貫徹する。だが、税・財政の分野では、国家権力の経済活動という特殊性ゆえに、一定の特殊性をもって、一言でいえば、個別資本ではなく、事実上の総資本の要請として、あわせて権力固有の強制性と政治性をもって、「市場原理」が結局は貫徹する。そしてこのことは、税・財政の現状分析によって基本的に実証されている、と筆者は考えている（引用は、前掲書、一八～二〇頁。なお、この点は、拙著『財政学要説』、『現代租税論の再検討』税務経理協会刊、参照）。

問題の第二は、財政の直接主体としての国家ならびに国家形態（民主主義）の捉え方についてである。財政とは国家の経済でもあるから、国家観と財政観は不可分である。この点に関して、主として問題なのは、「市場社会」におけるその捉え方である。ここでは通常、民主主義を一般的な国家形態（制度）とすると事実上みなされている点には異論はない。そしてその国家の任務は、要約すれば、「私的所有権を設定し、保護する」こと、「社会秩序を維持し、社会を統合する」ことにあるとされている。

しかし、「支配・被支配という強制的人間関係」としての国家（「政治システム」）は、「民主主義が成立している市場社会では、（「前市場社会」における「君主や領主」といった支配者に替わって）被支配者が支配者になるというアンビバレントな関係が形成される。つまり、被支配者の合意にもとづいて、被支配者の行為を支配する暴力による強制力が行使される」。「民主主義のもとでは、被統治者が統治する」「民主主義とは『民』が『主』になること、つまり統治される者が、統治するようになることだといってよい」。したがって、「民主主義」のもとにおける「支配とは被支配者の共同管理のもとに置かれることを意味する」。したがって、「財政は、『民』が共同管理する経済なのである」（二九～三〇頁）と主張される。

本来、「市場社会」における民主主義（厳密にいえば資本主義的民主主義）は、形式上・法律上の民主主義であって、その点に歴史的進歩性があると同時に歴史的限界と矛盾がある。通常、実質的な「統治」は、マイノリティーとしての資本サイドによるマジョリティーとしての労働サイドにたいする支配となるからである。「前市場社会」と違うのは、これが民主主義という形式・制度を通じて実現されていることである。これは、突き詰めていえば、等価交換という形式の下での経済的搾取・被搾取という、「市場社会」における社会関係の機軸をなす労資関係の政治的反映でもある。ところが、教授の記述には、この肝心な点に係る検討と考察――その見解はどうあれ――が欠落している。「前市場社会」下の「政治システム」との対比で、「市場社会」下の民主主義の特徴のうち主として歴史的進歩性の側面のみが言及されているにすぎない。

こうした難点が尾を引いて、不正確で曖昧な結論を導いているように思われる。たとえば、「強制力にもとづく支配・被支配という強制的人間関係・政治システム」は、「市場社会」でも「存続」するが、「民主主義」の下ではそれは「アンビバレントな関係」（察するに、「被支配者」が「支配者」となるという意味か、あるいは「合意」と「強制」の両面があるという意味か）を形成するといわれる。だが、この少なからず文学的、心理学的な表現が意味する社会科学的な中味はいったい何なのだろう。「市場社会」には、旧支配者たる「君主や領主」に替わる新たな「支配者」が存在するのか、しないのか。あるいは「市場社会」になって解放された旧被支配者は、すべて一様に新支配者なのか、「支配・被支配という強制的人間関係・政治システム」は、「市場社会」でも「存続」するといわれるが、いったい誰が誰を「支配」するのか、あるいは誰が誰に支配されるのか、曖昧模糊として不明である。

問題の第三は、「市場社会」を構成する「三つのサブシステム」と財政の関係について、「経済システム」は、「『営利』つまり『金儲けをしてよい』領域で、競争原理で営まれる領域」、対して「統治システム」と「社会システム」は、「『非営利』つまり『金儲けをしてはいけない』領域で、協力原理で営まれる領域」とされている点についてである。そして財政は、各システムの「媒介環」として、「暴力を背景とした秩序維持サービスだけでなく」、「経済システムを機能させるための公共サービス」（その「代価」が租税の調達）、「社会システムを機能させるための公共サービス」を「供給」し、こうして「社会全体をトータル・システムとして統合する」と結論づけられている（二七〜二九頁）。

上述したとおり、「市場原理」によって基本的に一元的に構成され、運動している「市場社会」にあって――もっとも、これを否定されれば別だが――、「経済システム」は「営利」と「競争原理」によって支配され、他方、「政治システム」は「非営利」と「協力原理」（しかも、「政治システム」＝「暴力を背景とする支配・被支配という強制的人間関係」という規定とも矛盾？）によって支配されるといわれる。くわえて、「政治システム」でも総資本の「営利」原理が基本的に貫徹すると解すべきなのに、「政治システム」は「営利」を「してはいけない」領域、「経済システム」は「営利」を「してよい」領域と区分される。だが、「いけない」とか「よい」とかいう（sollen）前に、先ずもって、「市場（営利）原理」がどのように貫き、あるいは貫かざるをえないか（sein）を明らかにした上でなければ、こうした規定の仕方は科学的とはいえまい。また、このような二元論的説明が無条件に常に誤りとはいえないとしても、社会システムの根幹を分析し解明する立論としては、はたして科学的といえるかどうか筆者には少なからず疑問に思われる。

なお、本書では一言も言及されていないが、現代の「市場社会」を動かす実質的な中心軸といってよいのが、先進国に共通するいわゆる「政・官・財」複合である。これは、財政を「媒介環」とする「トータルシステム」としての現代「市場社会」の具体的な存在態様である。「被支配者が支配者になるアンビバレントな関係」「被支配者の合意にもとづく被支配者にたいする支配という強制的人間関係」「協力原理で営まれる政治システム」『民』が共同管理する財政」云々という立論でもって、教授は、この社会構造化した「政・官・財」複合――現代国家の構造化した金権体質――の意義をどのように説明され、評価されるのであろうか。

（四）税・財政論の史的総括

第三の問題点は、財政学（理論・思想）の歴史的総括である。

必ずしも明言されているわけではないが、著者が基本的に依拠する立場は、ワグナー・シュンペーターの財政・経済理論の流れを汲む新財政社会学であること、そして財政学の復興と再生の課題と方向は、この新財政社会学の諸潮流がもつ難点の克服にあるとされている。

財政理論・思想の生成、展開の歩みを、それぞれの時期に多かれ少なかれ支配的な潮流を中心に時系列的に列挙するかぎりでは、誰にとっても大差はない。しかし、それらの学説史上の位置づけや評価となると、人によって異なってくる。大いに異なる場合もある。人は誰しも、現時点における己の財政論、そしてその構成要素といってよい経済理論、国家・社会観、歴史観を尺度として、過去の潮流を位置づけ評価するからである。

たとえばスミスの評価について、教授は、先に紹介した基本的な財政観の当然の帰結として、「古典派経済学は、財政現象そのものを総体として分析するのではなく、財政が経済システムに与える影響を個別的に分析の対象としたということができる。コルムによれば、このようにして古典派経済学は、『財政学という特殊科学の発展を抑えてしまった』のである」「古典派経済学…（は財政学を）市場経済に分析の焦点を絞る経済学の一分野に解消」（三九、四三頁）したと評価されている。

みられるとおり、古典派経済学とその財政論（スミス）は、財政現象を「個別的」に分析対象としているにすぎず、「総体」として分析していないという。また、コルムを援用しつつ、財政学を「特殊科学」として発展させるのをむしろ「抑え」、「経済学の一分野に解消」したと評価されている。だが、『国富論』の最終第五編の財政論（経費、租税、公債論）に明らかなとおり、スミスにおいてもスミス流に経済理論を踏まえて、そしてそれとの関連において「総体」的に財政現象が分析されているというべきであろう。したがって問題は、「個別的」か「総体的」かではなく、分析の基本的な立場と視点の違いにある。つまり、古典的な経済自由主義に相応しく、財政現象が「総体的」に分析され、またそれに相応しく財政論が体系化されているということである。基本的立場が違えば、総括の仕方と評価も随分と違ったものとなる。

筆者は、スミスの財政論は、学説史上初めての本格的な理論的体系化であり、資本の自由競争が支配的な資本主義の発展段階（自由主義段階）に照応した理論体系であり、そしてこの点に、スミス財政論の歴史的意義と制約があると考えている。ちなみに、神野氏によれば、財政現象を初めて「総体的」に分析し、財政学を「特殊科学」として初めて体系化したのは、ワグナーとされている。「財政学はドイツの官房学を父とし、イギリスの古典派経済学を母として、一九世紀後半のドイツで形成される。それがワグナーによって大成されるドイツ正統派財政学である」（三三頁）。

なお、スミスだけでなくワグナー、ケインズ、マスグレイブなどについても、学説史上の位置づけと評価の仕方に関し、多かれ少なかれ異論があるが、それは別の機会にまわして（前掲、拙著および『現代財政論』新評論刊、第一、二刷に不十分ながら一応述べている）、あと二点簡単に付記しておきたい。

その一つは、一九八〇年代以降のわが国を含む先進諸国において、その税・財政政策に重大な影響力を及ぼしたM・フリードマンに代表される新自由主義（新古典派）的財政論――「税率構造のフラット化」「規制緩和」「自助努力」「小さな政府」論などに象徴――について（本書Ⅱの四参照）、「古色蒼然とした一九世紀の自由主義思想の復活」（二九一頁）として、コラム欄での言及のみで済まされていることである。財政学・思想の「現代の諸潮流」を総括するのであれば、これを無視ないし軽視するような扱い方は正当とはいえまい。もう一つは、マルクス主義の流れを汲む財政論・思想に関して、事実上批判的な記述となっているが、他者からの援用のみで、自らの積極的批判はほとんど示されていないことである。これも——学説史上の位置づけがないことも含め——正当とはいえまい。

財政学の生成、展開、現状の総括の最後を、「財政学再生の課題」として締め括られている。シュンペーターの見解を援用しつつ、現代の「世紀転換期が同時に社会の転換期」でもあり、また「社会の転換期」には「財政危機」の深刻化を伴うとしたうえで、いうところの現代財政学の二大潮流、すなわち「公共経済学」と「新財政社会学」について、次のようにまとめられている。

前者の「公共経済学」については、「財政学を経済学の中に幽閉しようとする」難点があり、また後者の「新財政社会学」も「財政学を社会学的アプローチに解消してしまう」難点がある。こうした難点を克服して、財政学を「再生」するためには、「財政現象を経済学、政治学、社会学という社会科学の個別領域からアプローチするのではなく、境界領域の総合社会科学としての固有の学問領域を形成しなければならない」と結論されている。

だが、この「再生」のための一般的・抽象的な提起は、殊更目新しいとは思われない。前述したとおり、財政が社会総体に占める位置とその特殊性からして、意図すると否とにかかわらず、財政論は否応なく「総合社会科学」的に立論せざるをえないからである。一定の国家論・観を前提しない財政論は、事実上存在しえないことを想起しただけでも明らかである。また実際、従来の財政学・論のほとんどすべてが、流儀は別として、事実上そうした試みの理論的産物として生まれたといってよいからである。したがって問題は、アプローチの仕方が「総合社会科学」的であるかいなかということよりは、むしろその中味いかんにあると言うべきであろう。この意味で、財政学(理論・思想)の歴史的総括の仕方にも疑問を感じる。

(五) 現代財政とその未来

最後に第四の問題点は、現代財政ならびに財政学の全体にかかわる総括についてである。財政現象の「個別領域」の分析を踏まえて、「財政の過去から未来へ」と題する終章で、現代財政は、そして財政を「結節点」とする「経済システム」「政治システム」「社会システム」から成る総体としての社会は、どこへ向かおうとしているのか、あるいは向かうべきか、本書の叙述全体をいわば総括されている。大まかにいえば、(1)「近代システム」(「市場社会」、資本主義)の成立と財政の誕生、(2)一九〜二〇世紀の世紀転換期における「現代システム」の形成、そして(3)、一九八〇年代頃から始まる二〇〜二一世紀の新たな世紀転換期における「現代システム」の動揺と危機——「ポスト現代システム」への移行、という流れで「過去から未来」を展望されている。このためのいわば理論的下敷となっているのが、著者が本書の随所でしばしば援用されているシュンペーターの見解である。「社会全体のシステムが大転換する画期には、財政が必ず危機に陥る」「財政分析(財政社会学的アプローチ)は、社会分析の最良で最も効果的な出発点である」(六九、三四一頁ほか)というシェーマである。

「財政が危機に陥った時には、その背後には、必ず社会的危機か経済的危機が潜んでいる。『財政改革』とは単なる財政収支を再建することではない。その背後に潜んでいる社会統合の危機を、解消することでなければならない。この世紀転換期が『財政改革』の時代だということは、危機に陥っている三つのサブシステム間の相互関係を再編することにほかならない。つまり、三つのサブシステムの相補関係で形成される『社会全体』の仕組みが、大きく転換しようとしているのである」(三四一頁)。

どういう意味で何故そうなのか、説得力ある説明がなされているとは必ずしも思われないが、著者によれば、いま現在を、『「ポスト現代システム」への移行期』を迎えて、「現代システム」は、財政も「三つのサブシステム間の相互（補）関係」も、したがって「社会全体の仕組み」も動揺と危機に陥っているといわれる。そしてその具体的指標として、四点を挙げ、そして最後に、「財政危機」と「社会全体の危機」からの「脱出のシナリオ」を提示されている。

まず第一に「所得税・法人税基幹主義の動揺」という第(1)の指標に関連して指摘しなければならないのは、これまで「新財政社会学」的発想に依拠しつつ、財政現象がもつ「非市場的人間関係」「非経済的現象」としての側面と特性を殊更に力説されてきた著者が、「現代システム」を「支えてきた」税制（「所得税・法人税基幹税主義」）の「動揺」と「危機」の「要因」を説明する段になると、一転して、「経済のボーダレス化・グローバル化」といういわば純経済的要因でもって専ら説明されていることである。つまり、「経済のボーダレス化・グローバル化」による「国際的な資本移動の急速な高まり」のため、所得税の累進税率構造を緩和したり、法人税率を引下げなければ、「資本逃避が生じて海外へフライトしてしまう」、その結果、「所得税・法人税基幹税主義」の税制の「動揺」が生じたといわれる。

だが、この期の戦後税制を画する大転換ともいうべき国際的な「抜本税制改革」を、こうした経済的に一面的な、あわせて著者自身の論理の一貫性を欠いたと思われる説明で済まされるのは解しかねる。

たしかに、「資本逃避」防止も一因ではあろう。しかし、所得税率構造の「フラット化」と法人税率の大幅引下げ、付加価値税の増税ないし導入に象徴される、この期の税制の「動揺」と大転換は、総合的な要因でもって説明すべき性格のものと筆者は考える。あえて一言でいえば、(1)財政危機の長期化と経済の低成長下における、税収の低迷と経費の膨張という財政矛盾の激化、⑵内外の政治的（労資間）力関係の激変とこれを背景とする新自由主義（新古典派）的な税・財政思潮の台頭、⑶これによる現代税制の資本主義的本質のより露骨な顕在化として説明すべきものと考える。この意味では、「現代システム」の「所得税・法人税基幹税主義」の税制の「動揺」は、たんに「動揺」というよりも、上記⑴⑵を主たる背景とする総資本による戦後税制上の一大政策転換というべきであろう。

第二に、「動揺」と「危機」に陥っている「現代システム」のその他の具体的指標として挙げられている、⑵「忠誠調達の危機」、⑶「自発的協力の喪失」、⑷「社会的セーフティ・ネットの綻び」（これらの指標の挙げ方そのものが正当かいなかという問題もある）についても、一面的で短絡的な説明に終っているように思われる。

というのも、ここでも「経済のボーダレス化・グローバル化」が、共通する基本要因として説明されている——逆にいえば、それ以外の説明はほとんどない——からである。すなわち、「経済のボーダレス化・グローバル化」——「所得税・法人税基幹税主義」の税制の「動揺」——「所得再配分の困難」の増大——「社会的セーフティ・ネットの綻び」と「忠誠調達の危機」。「経済のボーダレス化・グローバル化」——「家族・コミュニティという自発的協力が機能する条件の喪失」ないし「縮小」。「経済のボーダレス化・グローバル化」——「経済システム」の発展にとっての、「国民国家という政治システム」の「狭小」化、「障害」化——「国民国家」による「規制」と「経営」の撤廃ないし廃止、すなわち「規制緩和と民営化」——「社会的セーフティ・ネットを張る能力の喪失」「機能不全」化、等々。こうした説明は、たしかに一貫性があり、単純明快ではあるが、あまりにも一面的で経済主義的であるように思われる。

最後に第三に、こうした認識の延長線上に、「現代システム」の「危機からの脱出のシナリオ」と「ポスト現代システム」の未来像が提示される。その内容は、一言でいえば、「国民国家機能の上方化」（「上方への権限移譲」）と

「国民国家機能の下方化」（「下方への権限移譲」）である。「つまり、国民国家の権限を上方と同時に下方にも移譲し、国民国家の機能を両極に分解させていくこと」だといわれる。そして、これによって、「国民国家は経済システムにとっては狭すぎるけれども、社会システムにとっては遠すぎるという国民国家のアンビバレントな性格を解消させることが可能だといわれる。そしてそうした「試み」の手本として、ＥＵを挙げられている。

だが、「国民国家」の「権限と機能」の「上方化」と「下方化」による「両極分解」によって、「現代システム」の「危機からの脱出」が可能かどうか筆者には甚だ疑問に思われる。

というのは、「現代システム」の「動揺と危機」の共通する基本要因とされる「市場経済のボーダレス化・グローバル化」というのは、資本の本質に本来的に由来する傾向であり、無制限な利潤追求という資本の本質からして際限を知らぬ性向だからである。「ＥＵなどの国民国家を越える地域的な政治システム」「超国民国家という政治システム」を「創出」し、「収納」しても、市場経済を支配する資本は、さらにより大きな外延的な拡がりを「創出」しようと求めて止まないからである。また、こうした「上方化」の中での「下方化」つまり「地方分権化」も、経済の地域間格差や不均等――これも、資本の本質に本来的に由来する一傾向――をより一層激化し、ひいては「セイフティ・ネット」の地域間アンバランスと不安定性をむしろ増幅する可能性が大きいからである。したがって、「国民国家」の「権限と機能」の「両極分解」化によって、「現代システム」の「危機からの脱出」は一時的（あるいは部分的）には可能かもしれないが、それはより大きな矛盾と「危機」の成熟を準備することになるであろう。つまり、「現代システム」は矛盾と危機を先送りするだけで、それをむしろ拡大再生産することになるであろう。

（初出、税制経営研究所『税制研究』、第五〇号記念号、二〇〇六年）

Ⅲの三　国家独占資本主義と財政問題

（一）

近年のわが国にみられるように、労働運動、社会主義運動はじめ総体としての労働者運動が、比較的長きにわたって（七四春闘をピークとすれば、一〇年余）低迷や後退を続けるような時期は、理論・思想上のいわゆる清算主義が流行しやすい。低迷や後退は、従来の理論や方針・路線の誤りによるもので、そこから脱出するためには、それに代わる何か新しいもの——ほとんどの場合、古い「左」右の日和見主義の新装版にすぎないのだが——を打ち出さなければならない、という雰囲気が拡がりがちだからである。しかも加えて、現代資本主義のもとでは、独占資本主義と国家によるマスメディアを駆使した猛烈な思想攻撃——〝桶の水ごと子供を捨て〟させる（不要物と一緒に大切な物＝理論・路線上の原則や本質を放棄させる）攻撃が、意識的に集中的に展開されるため、そうした傾向はいっそう増幅される。そして、その先導役を果たすのも、きまって一部の上級幹部や学者・理論家であることも、古今東西を問わず、数多くの歴史的経験が実証しているところである。

実際には、運動の低迷や後退の真の根源は、総資本の優勢な攻勢のもとで、路線・情勢認識上における本質的・基本的・原則的部分の希薄化や忘却にあるのに、したがって、本質・基本・原則の再確認とそれへの復帰こそが最も強調されるべき時期なのに、逆にその肝心なポイントが「現実」にマッチしない時代遅れの古い教条として放棄され、あるいは否定される。文字どおり、〝桶の水ごと子供を捨てる〟のである。そしてそれは、先に指摘した社会的雰囲気のなかで相当程度に受け入れられ、そのことがまた従来にかわる何か新しいものを創りだし提起する風潮を流行らせる。こうして、ある種の悪循環が一定期間にわたって進行する。一定期間と限定するのは、このような新しい「現実」主義（路線）なるものは、労働者階級の実態や階級的欲求、内外情勢の進展の現実から実際にはかけ離れた観念論であるから、遅かれ早かれ、滅亡する運命にあるからである。

近年の「ニュー社会党」の重要文書――「新宣言」（案）、「社会主義の構想」「中期社会経済政策」、さらには「制度・政策闘争」に代表される労働組合の方針書、等々にみられるとおり、資本主義ないし国家独占資本主義の本質を忘れた「現代資本主義」論、社会主義の本質と原則を忘れた「現代社会主義」論、階級闘争と革命の原則を忘れ、放棄した「社会主義」「労働運動」論の横行は、その象徴であるといってよい。

本稿の主題である財政論にかんしても、その例外ではない（党関係の文書でいえば、前掲「中期社会経済政策」総論〈一九八五・一〉中の税財政論の問題点と批判については、『唯物史観』、第二六号所収の拙稿を、また各論〈八五・九〉の批判については『社会主義』、八五年十一月号の拙稿を参照されたい）。

財政論の科学的展開にとっても、現代財政の具体的分析にとっても、いま決定的に重要なのは、現代財政の資本主義的本質、その資本主義的な階級性と歴史性――資本主義に固有の階級的本質と歴史的本質――の堅持と再確認である。本質論や原則論でもって、現代財政の具体的分析にかえることができないのは確かである。だが、具体的な現状分析は、本質・原則論ぬきには不可能である。現代財政の具体的分析とは、一言でいえば、国家財政の資本主義的本質と矛盾――その階級性と歴史性――が、国家財政の領域において、どのような現象形態をとって今日発現しているか、を明らかにすることだからである。そしてさらには、それが労働諸階級にいかなる影響を及ぼし、また階級闘争の一環として、労働者階級・党・労働組合に、いかなる税財政上の闘争課題を提起しているか、を明らかにすることにあるからである。

ところが、今日の財政論をめぐる理論状況をみると、社会主義・労働運動論におけると同様に、「資本主義は資本主義で、その本質は少しも変わっていない、ということだけを繰り返したり、マルクス・エンゲルスやレーニンの引用ですますのは、知的怠慢である」「問題なのは、現代財政の諸相への具体的で立ち入った分析・研究にある」等々と称しつつ、実際には、そうした謂れ無き非難のもとで、〝桶の水ごと子供を捨てる〟傾向が流行っている。最近一〇年に現われた財政専門の著作や論文で、本質論や原則論の再確認の重要性を強調したものは、ごく稀にしか残念ながらみることができない。

理論・思想戦線が、このような状況にある時期だけに、財政論においても、今一度、科学的財政論の原点というべきマルクス・エンゲルスならびにレーニンの財政論の再確認が何にもまして重要であると考える。そして、それを現代へ発展的に適用して理論をいっそう発展、豊富化させ、またそれにもとづく現状の具体的分析が進められなければならない。

その意味で、きわめて拙い著作ではあるが、拙著『マルクス主義財政論』（新評論刊。なお、その簡潔な要旨については、岡崎次郎編『現代マルクス＝レーニン主義事典』社会思想社、上巻、七一三～七一八頁〈―本書Ⅲの一〉参照）も、このような時期にマルクス・エンゲルスならびにレーニンの財政論を整理する労を省いてくれるというかぎりで、新たに一定の意義をもつと考える。この著作は、〈あとがき〉にも書いているとおり、マルクス・エンゲルスならびにレーニンの財政論を「体系的に再構成」したものである。つまり、かれら三人の財政にかんする理論的、実証的言及（周知のとおり、財政にかんするまとまった著作はない）をできるかぎり忠実に、したがってできるだけ彼ら自身の言葉でもって財政論を語らしめようと試みたものである。したがって、普通の著作と違って、あえて引用文を多くしていることも、この際付言しておきたいと思う。〈あとがき〉で次のように述べている。

「現代資本主義財政の分析と理解も、かれらの財政論なくしては——これもレーニン自身が基本的に明らかにした現代資本主義＝国家独占資本主義論を媒介としたうえにおいてであることはもちろんだが——不可能である、というのが著者の強い確信である。

それは、同じくマルクス・エンゲルスの『資本論』とレーニンの『帝国主義論』なくしては、資本主義の最高にして最終の局面をなす現代の国家独占資本主義の分析と把握も、まったく不可能であるのと同様である。そしてまた、それらの基本的正しさが、今日ますます明らかとなり、その価値がますます高まっているのと同様である。

ある意味では不思議に思えることだが、これまで、マルクス・エンゲルスの財政論の体系的再構成を試みた著作がないといってよいだけに、拙い本書ではあるが、一定の積極的意義はあると思う」

なお、本誌『唯物史観』の第二七号が、向坂逸郎先生の追悼号であることに因んで、あえて紹介させていただけば、拙著には先生の序文が付されている。

「著者は一貫して一定の経済学理論を追究してきた。私は、ああでもない、こうでもないと時々変った立場の理論を追う人はきらいである。学者は変らないで、正しい理論をわが道とすべきである。これが学者の本来なすべきことであると信ずる。マルクス、エンゲルス、レーニンは、その通りにして来た。この本の著者も、正にその通りにしてきた。学生以来そうしてきた。

かれは、財政学を階級闘争の武器として取り扱った。したがって、支配階級の財政学を、このようなものとして批判した。かれはまた自らの財政学をこのような批判的な武器として、みがいた」

この序文は、褒めすぎであることは別として、諸現象の変化に目を奪われたり、いわゆる一時的で誤った時流に乗せられたりすることなく、本質的・原則的な観点と立場を、片時も見失わず、放棄せず、一貫して堅持しつづけるようにとの、筆者にたいする先生の警告であると受けとめている。

さて、これまで指摘してきたとおり、現代の国家独占資本主義財政の理論的かつ実証的な分析・研究においても、いま一度再確認すべき、資本主義財政の一般的、原則的ポイントというのは、換言すれば、マルクス・エンゲルスならびにレーニンの財政論の基本視点とは、第一に、社会発展の根本法則としての唯物史観（マルクス『経済学批判』の「序言」ほか全著作）、第二に、剰余価値論を機軸とする資本主義経済の一般理論（マルクス・エンゲルス『資本論』ほか）、そして第三に、財政のいわば主体をなす国家についての一般理論＝階級国家論（エンゲルス『私有財産ならびに国家の起源』、レーニン『国家と革命』ほか）の三点である。

したがって、拙著でも次のように述べている。

「すでにみたとおり、一般に経済学を科学として確立したのはマルクス・エンゲルスであったが、広義の経済学の一環をなす財政論を、はじめて科学として基本的に確立したのも、事実上マルクス・エンゲルスであった。唯物史観、『資本論』、階級国家論が、マルクス・エンゲルスの財政論を構成するいわば三つの柱をなしている。唯物史観を『導きの糸』としつつ、『資本論』と階級国家論を結合することによって、財政現象の科学的・理論的解明もはじめて可能となったといってよい。

くりかえし指摘するまでもなく、一般に、自然科学の対象をなす自然現象が超歴史的・超階級的であるのにたいして、社会科学の対象をなす社会現象は財政をふくめ、それぞれの社会の発展段階に固有の歴史性をもっている。同時にそれは、階級社会においては、その社会の発展段階に歴史的に固有の階級性をもって存在している。

したがって、社会・歴史現象の一つをなす財政も、こうした歴史的・階級的存在として把握し、また、こうした歴史的階級的観点からつねにアプローチされなければならないこともいうまでもないであろう。つまり財政を、たんに抽象的に財政一般としてではなく、財政がもつ、その社会の発展段階に固有の特殊歴史的・階級的な性格ならびに構造と作用（役割）を理論的に解明する、ということである。これが、マルクス・エンゲルスの財政論を一貫してつらぬく基本視点でもあった。（二七〜二八頁）」。

この三点からなる基本視点をふまえた財政論の詳細は拙著にゆずるが、こうした財政論が科学的であるために必要な基本視点が、今日いかに軽視ないし放棄され、それによって、いかに理論的な混乱、動揺、誤謬を強めるにいたっているか、やや敷衍して簡単にふれておきたい。

まず第一の唯物史観についていえば、この軽視ないし放棄が、レーニンのいう「歴史発展の弁証法」、階級闘争における改良と革命の弁証法的な把握と認識を曖昧化し、あるいは放棄に至らしめるのはいうまでもないであろう。いいかえれば、それぞれの種々な亜種、変種は無視するとしても、いわゆる「左」右の日和見主義のいずれかの立場や観点――多くの場合は後者――に陥るほかないということである。わが国の革新的運動の近年の状況は、いうまでもなく、右翼日和見主義（改良主義）の優勢化、右傾化にある。日本社会党の「社会主義の構想」「新宣言」などは、その象徴的現われであることはすでに指摘したが、日本共産党の場合も、『先進国革命の理論』（上田耕一郎）、『人民的議会主義』（不破哲三）その他に代表されるとおり、大同小異といってよい傾向が強い（この点、さしあたり、向坂逸郎編『日本共産党論』正続、社会主義協会刊を参照）。

こうした唯物史観の軽視ないし放棄――→改良と革命の弁証法的把握の曖昧化ないし放棄――→改良主義的見地への転落から、理論上、実践上の幾多の誤りや動揺が生みだされることはいうまでもないが、本稿の主題である財政に関していえば、その誤りや欠陥がもっとも端的に現われるのが、社会主義政党の財政政策の提起においてである（前掲拙著、第七章「財政問題と階級闘争」を参照）。一言でいえば、すでにマルクス・エンゲルスの時代から存在した、いわゆる〝財政社会主義〟論の反動的復活である。すなわち、「税財政改革」の積みあげによって、革命ぬきに、社会主義が漸進的に実現可能とする誤れる幻想（改良主義）である。これは、社会党の「中期社会経済政策」によく示されているとおりである（その総論批判については『唯物史観』第二六号の拙稿、各論批判については、「社会主義」八五年十一月号の拙稿など参照されたい）。

第二の点でいえば、「ニュー社会党」の一連の文書における「現代資本主義」論にみられるとおり、資本主義の本質が、言葉では一応は否定しないとされながらも、実際には否定ないし放棄されていることは周知のとおりであろう。そしてその上で、当然ながら、国家独占資本主義論が放棄されている（この点も、さしあたり、前掲論文参照）。ここからも、種々な理論上、実践上の誤りが生じてくることはいうまでもないが、主題である財政の理論と分析においても、一般に階級的視点の曖昧化ないし欠落を必然的に生みだす。資本主義社会のもとにおける国家財政は、その経済的側面からいえば総資本による追加搾取の特殊な一形態――総資本の資本蓄積の国家による補完、推進――にほかならない（拙著、第六章第二節参照）、という階級的、歴史的な本質が見落とされるほかないからである。

具体例でいえば、たとえば「中期政策」のなかで、現今の財政危機が、たんに政府の財政運営上の「失政」として――必然的産物としてではなく――把えられ、そのため危機の階級的本質、責任の所在がきわめて不鮮明となっている。また、「高齢化社会に対応する年金財源」確保のために、間接消費税としての「福祉目的税」が提案されている。ところが、肝心の課税対象を何にするか、すなわち間接税なら主として独占資本家が消費する奢侈品に限定するか、直接税なら独占資本の大法人所得、高額個人所得、巨額資産とするか、が明示されていない。これでは、実際には政府・独占がもくろんでいる「受益者負担」という名の大衆増税と一般消費者（大型間接税）を「福祉目的」の名において、社会党が代行・促進することになる。さらには、「中期政策の対象期間中」（今後ほぼ一〇年）、最大の政策ないし闘争課題の一つとなるべき「行革」（「合理化」と政治反動）も、たんに「所得再分配機能の縮小」とか「縮小均衡型の経済政策」等々として、没階級的に矮小化して把握され、したがって反行革の政策と姿勢も曖昧かつ不明確で、反対の態度を一貫しきれないものとならざるをえない、等々。

第三点目として、国家論が財政論の不可分の一環をなすことはいうまでもないであろうが、この点でも、科学的な階級国家論の否定ないし放棄と、「二元」ないし「多元」国家論や「福祉国家」論、ならびに、それらの各種の亜種・変種が近年の一流行となっている。たとえば、先にも引用した「中期経済社会政策」でも、次のように述べている。注(1)

「以上述べてきた社会システム（「企業、政府、協同連帯部門の三つの経済主体が、その役割に応じて、その特性をもって活動しつつも、相互関連性のなかで、社会的ニーズを充足しうるネットワークをつくること」）を有効に機能させるためには、国の果たす役割がきわめて重大である。国はたんに経済の一部門として登場するのではない、国民的な意思を調整統合し、経済を含む全体の過程を適切に指導し、整合させる主体としての役割を担っている」。

このような非科学的な国家論に立つかぎり、階級支配（ブルジョア独裁）の経済的基礎としての資本主義財政の一般的本質、ひいては現代の国家独占資本主義下の国家財政の本質（歴史性と階級性）を、理論的にも実証分析的にも十分に明らかにしえないことは言うまでもないであろう。

そこで、以下、上述の問題意識ないし問題提起を大前提においたうえで、現代国家独占資本主義下の国家財政をめぐる理論的諸問題に目をむけることにしよう。

（二）

国家独占資本主義に支配的な財政理論として、あるいは国家独占資本主義の延命の「処方箋」として、これまで君臨してきたといってよいケインズ理論も、ほぼ一九七〇年代に入って以降、完全に破綻をきたすに至った。このことは、ブルジョア理論家たち自身が、ほぼ一様に認めているのは周知のとおりである。以来、ケインズ理論に代わる「理論と政策」が、新たに模索され続けている。いわゆる「供給サイドの経済学」、「新マネタリズム」、「新自由（古典）主義」、「新保守主義」等々が、それである。

これらは、従来ケインズ理論が有していたような「市民権」をもった定説として「体系」的に仕上げられていると は言い難く、いまなお〝百家争鳴〟の観はあるが、同時にそこには一貫して共通する理論的特徴ないし傾向が、すでに一定程度うかがわれるということができる。そして、これらはまた、たんに理論的に模索され続けているのみならず、「レーガノミックス」、「サッチャーイズム」、中曽根「第二臨調・行革」等々として、その実践的、政策的「検証」も国際的規模において進行しつつあることも周知のとおりである。

こうして、国家独占資本主義延命の最新の理論は、一般に、ケインズ理論のアンチ・テーゼとして登場していると いう共通性をもっている。そして、後者は後者でまた、さかのぼって、いわゆる古典派の財政論のアンチ・テーゼとして登場したという、歴史的・論理的な脈絡をもっている。この限りでは、昨今の理論は、かつての古典派理論のいわば〝否定の否定〟である。もっとも、これが〝否定の否定〟であるのは、弁証法にいう矛盾の発展的止揚の意味においてではない。反動的かつ後退的な意味においてであるすぎない。ある種の反動的な「ルネッサンス」であるといってよい。

こうした最新のブルジョア理論に共通する理論的特質とその階級的意義を正しく評価するためには、まず第一に、それを背景において規定している、一九七〇年代以降の世界資本主義＝国家独占資本主義の現局面の特徴が——第二に必要な資本主義的財政理論の歴史的総括については次節で取り上げる——明らかにされなければならない。

周知のとおり、第二次大戦後の国家独占資本主義は、アメリカ帝国主義の圧倒的優位のもとに、ＩＭＦを中心としてブレトンウッズ体制とガット体制を国際的枠組みとして出発した。金との兌換を唯一保証されたドルを国際的機軸通貨として、それと一定率でリンクされた固定相場制の国際通貨制度と「自由貿易」体制が、それであった。

だが、こうした第二次大戦後の世界資本主義の枠組みも、帝国主義を特徴づける、いわゆる不均等発展の法則の必然的結果として、崩壊を余儀なくされた。

日本、ＥＣの急速な経済的復興・発展と、アメリカの総体的力関係の大幅な弱体化、アメリカ・ＥＣ・日本の三極対立の激化のなかで、いわゆるドル危機が進行し、その結果、一九七一年に、ドルの金兌換停止と一連の緊急ドル防衛策を内容とするニクソン声明を余儀なくされた。その後、スミソニアン合意による金価格の引上げと各国通貨の対ドルレートとの切上げによって、一時しのぎはできたものの、一九七三年初頭、主要帝国主義諸国があいついで変動相場制へ移行し、これをもって、ＩＭＦ体制は最終的に崩壊したからである。

またその後、二カ年にわたる国際通貨安定のための協議を総括した先進一〇カ国蔵相会議（一九八五・六・二一、東京）も、なんらの解決策も確たる見通しも見出すことができなかった。こうして現在、資本主義世界体制は、不安定な変動相場制のまま、文字どおり「羅針盤なき航海」（『松井安信「現段階の恐慌の特質」『唯物史観』、第二六号、五五頁）を続けざるをえない状況におかれている。

現在、一九八五年、六五年ぶりに確実に債務国に転換するアメリカにたいする各国の信認が失われ、ドルの暴落が生ずれば、一九八四年度末で八千億ドルにも達している発展途上諸国の返済不能に陥っている累積債務とあいまって、アメリカでは急激なインフレが再燃し、金利の高騰、景気の急激な失速が生じ、その結果として、資本主義世界経済は、一大混乱と急性的な危機状態に突入しかねない局面を迎えている。あわせて、「自由貿易」のガット体制も、あいつぐ保護主義の台頭によって、その風化が急速に進行し、帝国主義諸国間の経済戦争もいちだんと激烈化する状況を迎えている（小野朝男「八〇年代の資本主義世界体制」、前掲誌所収論文を参照）。わが国独占資本の洪水のごとき海外進出を起点とする「貿易摩擦」の激化と、それをめぐる帝国主義列強国の確執は、その象徴的な事態といってよい。

さらに、現局面の国家独占資本主義は、IMF・GATT体制の崩壊を契機としつつ、ケインズ的インフレ政策の完全な破綻によって、新たな形態をとりつつ、その矛盾と危機がいっそう深化しつつある。第一次石油危機を一大契機とする一九七四―七五年世界恐慌が、それを示している。たとえば、わが国の場合でみると、これまで上昇を続けてきた鉱工業生産の成長は、七四年度には、戦後はじめてのマイナス九・七％となり、経済成長率（実質GNP）もゼロ成長、暦年ではマイナス〇・五％に落ちこんだ。

この恐慌を転機とする資本主義経済の矛盾と危機の新たな発現形態を象徴するものが、いわゆるスタグフレーション（不況とインフレの併発、同時進行）である。

第二次大戦後の国家独占資本主義は、IMF・GATT体制を国際的枠組みとし、国内的には、ケインズの「総需要管理」政策をベースとして構築（歴史的にさかのぼれば、一九三〇年代世界恐慌・不況時が出発点）された。それは、恐慌・不況期に、国家による赤字国債の発行を主たる財源とする有効需要の追加提供――公共投資、軍事支出等として――と金利の引下げによって、過剰資本の処理と、インフレによる実質賃金の切下げをはかり、また他方、好況・契機過熱期には、これとは逆の操作を施すことによって、資本主義経済に固有の〝業病〟たる恐慌・不況を「克服」

し、「安定」成長ないし「高度成長」を実現しようとするものであった。また、不況期にどれほど巨額な赤字国債を発行しても、好況期における租税の「自然増収」によって償還され、したがって、やや長期的観点からすれば、財政収支はバランスを保持し、赤字国債の累積や、それがもたらす財政危機は生じないと予定されていた。

したがって、このような国家独占資本主義的な介入・規制が「有効」に作動するかぎり、恐慌・不況期には物価は横這いないし下落し、反対に好況期には多かれ少なかれ物価は騰貴する、いいかえれば、不況とインフレは継起的に（時期的に交互に）発現し、また財政の赤字も一時的な現象でしかないはずであった。そして事実、ほぼ六〇年代までは、一応こうしたケインズ的図式があてはまる形で事態は推移したといってもよかった。

ところが、ほぼ七〇年代に入ると、とりわけ七四・七五年恐慌以降、本来継起的に生ずるはずであった不況とインフレが同時進行・併発するという「異常」な現象が、いずれの国家独占資本主義国にも例外なく現われ、かつ常態化し、またそれに伴って財政危機も——国により程度の差はあれ——慢性的性格を帯びるにいたった。

こうして、恐慌・不況対策のためのインフレ政策を実施すれば、インフレ・物価騰貴が加速され、財政危機も促進される。他方で、インフレ抑制策を採れば、それを契機として、恐慌・不況が生起し、それ（不況下の「減量・合理化」、中小企業の倒産など）によって大量失業がもたらされる。こうした形で、これまでの国家独占資本主義的な介入・規制政策は、いまや完全に破綻し、資本主義体制はいわば出口のない袋小路に追い込まれるにいたったのである。

これは、一言でいえば、ケインズ的有効需要（「総需要管理」）政策が、恐慌・不況期に累積した過剰資本の処理（資本の価値破壊）を、かえって不徹底なままにとどめ（過剰資本の残存を多かれ少なかれ慢性化させ）、そのため景気はインフレ政策で一時的には高揚にむかっても、弱々しく短期となり、そうであればまた、インフレ的不況対策を矢継早に打たざるをえないことによるものであるといってよい。その結果、総じて、不況と不況との期間はせばまり、あるいは不況は長期化し、インフレが恒常化せざるをえなくなった。同時に、不況の頻発ないし慢性化によって、赤字国債の償還も思うにまかせず累積し、財政危機もまた長期・深刻化せざるをえなくなった。この意味で、スタグフレーションという「異常」な現象の発現は、現代の国家独占資本主義下の生産力の膨張と巨大化にともなって、資本主義という生産関係が、いよいよもって桎梏となる度合をいちだんと高めていることの象徴的な一反映といってよい。

こうして、一九七〇年代に入って以降の国家独占資本主義は、国際通貨体制の崩壊と不安定化の増大、発展途上諸国の巨額の累積債務と国際金融不安、ガット体制の風化と新しい保護主義台頭下の国際経済戦争のかつてない激化、スタグフレーション、不況の慢性化と低成長、大量かつ恒常的な失業、不断の物価騰貴・インフレの進行、財政危機の深化と慢性化等々、新たな現象形態をとりつつ、矛盾と危機をいちだんと深めてゆく局面に入ってるということができる。

こうした事態に対応して、国家独占資本主義の統治方法も、これまでの自由改良主義は後景にしりぞき、「レーガノミックス」、「サッチャーイズム」、中曽根「行革」に象徴される反動的な新保守主義が有力となるにいたった。これによって、国家（中央・地方）財政の反動的な再編・「合理化」、官民を問わない大々的な「減量・合理化」（「ME革命」によってますます拍車）、賃金抑制、大衆増税と福祉・教育・生活関連領域の大幅削減等々が、かつてない規模で激しさを増しつつある。あわせて、政治反動と国家機構の反動的な再編・強化、階級的労働者運動にたいする抑圧強化の傾向——「参加」路線による右傾化促進とあわせて——も強まり、また、社会主義諸国による平和共存政策によって、七〇年代半ばまで一定程度に推進されてきた国際緊張緩和の傾向にかわって、軍拡とＳＤＩに代表される新冷戦政策が際立つにいたっている。

このような「新保守主義」の統治方法が、「供給サイドの経済学」「新マネタリズム」「新自由（古典）主義」等々と称せられる新しい理論によって根拠づけられていることは周知の事実であろう。

（三）

こうした国家独占資本主義の現局面に対応した一連の新理論――M.S.Feldstein, J.M.Buchananなどに代表される「供給サイドの経済学」（supply-side economics, SSE）、M.Friedmanなどに代表される「新マネタリズム」ないし「新自由主義」（新古典派）などに、ほぼ共通するとみなされる理論的特徴を、主に財政（政策）論に則しつつ要約しておこう。

これらが、他の国家独占資本主義諸国における行財政政策におけると同様に、わが国の昨今における「行革」予算においても、直接間接、有力な理論的バックボーンを事実上なしているといってよいからである（以下の要旨は、主としてI.M.Ossadtschaja: Die krise der keynesianismus und die Sudhe den bürgerlichen Ökonomie nach neuen Konzepten, in: IPW Berichte, 2/84. A・マチューシャ、関恒義訳『近代経済学の歴史』下巻、大月書店。大須敏生編『日本の財政』、東洋経済新報社。J.M.Buchanan, The Conesequences of Mr. Keynes. 水野正一・亀井敬之訳、「ケインズ財政の破綻」、日本経済新聞社、M. Friedmen, Capitalism and Freedom. M. Feldstein, Fiscal policies, inflation and capital formation, Economic Review, 70, 636-650. 等に依っている）。

こうした最新の理論の理論的性格、その階級的意義を正しく評価するためには、上述した国家独占資本主義の現局面の特徴とあわせて、資本主義の歴史的発展過程によって基本的に規定された財政理論の歴史的歩みと変遷について、ごく大まかではあれ総括しておく必要がある。

一、古典派の財政理論

資本主義の成立・発展期に形成されたA・スミス（『国富論』、第五篇）に代表される古典派理論は、第一に国民経済について、そこには「自然的自由の体系」（system of natural liberty）が存在しており、したがって国家からの「自由放任」（laissez-faire）の下で、各個人が利己心のおもむくままに自由な経済活動を行えば、「見えざる手」（invisible hands）に導かれて、おのずから国民経済全体の調和のとれた発展が実現されるとみなした。したがって、第二に国家は、経済の「自然的自由の体系」にとっては、むしろ撹乱要因であり、また基本的には非生産的な「必要悪」（necessary evil）であり、かくて国家の機能は、基本的には市民的自由を保証するところの、いわば外部的与件として、①国防、②司法、警察、③個人では不可能な特殊例外的な公共事業（施設）の提供という、三つに限定された「夜警国家」にとどまるべきと考えられた。

こうした国民経済観（論）ならびに国家観（論）を前提としたうえで、第三に国家財政については、その必然的帰結として、財政の規模が最小限であることを理想的目標とする「安価な政府」（cheap government）と「均衡財政」（balanced finance, -budget）の実現と貫徹が主張された。したがって、国家による財政政策の推進については、否定的、消極的な意義しか認めなかった。

こうした国民経済、国家ならびに国家財政観から構成された古典派の財政理論は、資本主義の内在的矛盾の発現がいまだ微弱で、むしろ、旧体制としての封建的、絶対主義的なアンシャン・レジーム（Ancien Régime）にたいして、生産力のいっそうの発展と歴史的進歩性を世界史的に代表した、成立・発展期の資本主義（自由主義段階）に照応した財政理論、あるいは、そうした歴史的社会的条件によって規定され、かつそれを反映した財政理論であった、ということができる。

二、フィスカル・ポリシーの財政論

ついで取り上げておかねばならないのが、J. M. Keynes（『一般論』）、A. H. Hansen（『財政政策と景気循環』）、R. Musgrave（『財政学』）などによるフィスカル・ポリシーを中心とする財政理論である。

というのも、すでに前節で述べたとおり、国家独占資本主義の現局面に対応した新理論は、一般にケインズ理論のアンチ・テーゼとして登場しており、そして後者は後者で一、にみた古典派の財政理論のアンチ・テーゼとして登場した、という歴史的・理論的な脈絡をもっているからである。この意味で、昨今の新理論は古典派理論のいわば〝否定の否定〟という論理的関連をもっているということもできる。このことがまた、さしあたりここでは、それぞれに重要であるにもかかわらず、「古典的」帝国主義や戦時ないしファシズム期の財政論を一応無視して、財政論の歴史的推移を概括する理由でもある。

それはさておき、古典派にたいするアンチ・テーゼという意味で「ケインズ革命」ともしばしば呼ばれる、フィスカル・ポリシーないし「総需要管理（規制）」をベースとする財政論が、一九三〇年代の世界大恐慌の勃発とその後の大不況を歴史的契機として登場したことは、よく知られているところである。

古典派が均衡財政、国家の経済過程への不介入、「安価な政府」、国家からの経済の「自由放任」等々を主張したのにたいして、ケインズにあっては、逆に、国家の経済・再生産過程への積極的介入なくしては、景気の安定、安定的な経済成長、不況と失業の「克服」と「完全雇用」の「達成」、「福祉の増進」等々は不可能であると主張した。また、国民経済観も、「自然的自由の体系」から、「私的セクター」と「公的セクター」との混在とみる「混合（二重）経済」

論へ、国家観も「夜警国家」から「福祉国家」論へと転換せしめられた。

こうした理論転換の契機となった一九三〇年代世界大恐慌は、歴史上かつてなく激烈、大規模であったのみならず、その後長期にわたって大不況が継続した。ここにおいて、古典派が想定した経済の「自然的自由の体系」における経済の「自動回復力」にたいする不信が決定的となり、それと同時に古典派財政論にたいする信認にも終止符が打たれるにいたった。

ケインズは、大不況からの脱出のためには、レセフェールではなく、国家が「総需要」を不断に「管理（規制）」し、赤字国債を財源とする公共投資によって「有効需要」を創出すれば、それが「呼び水」となって連鎖的な「波及効果」をつうじて、不況が「克服」され、雇用が拡大し、景気の安定が可能であるとした。さらに、ケインズのこの立論は、ハンセン、マスグレイブ等に引きつがれて、不況・失業の「克服」のみならず、インフレの「克服」をも含む、「包括的・体系的」な理論へと仕上げられていった。

その第一が、恐慌・不況期に財政支出の拡大や減税を実施するのみならず、インフレ期（好況・景気過熱期）には、それと逆の政策を採ること、つまり財政を抗循環的（counter-cycle, antizyklischen）に作動させることによって、不断に景気変動を安定化させるべきであり、またそれが可能であるとしたことである。第二は、こうした政策実施に多かれ少なかれ不可避なタイム・ラグをうめるべく、財政制度それ自体がもつとみなされる「自動安定化装置」（built-in-stabilizer）――たとえば、累進課税や社会保障支出。前者は、不況時には自動的減税、好況時には自動的増税が進み、また後者は不況時の「有効需要」の減退を下支えする等――の機能が補強されたことである。そして第三には、上記をふまえつつ、主としてマスグレイブによって、「資源の最適配分」「公正な所得の再配分」「経済の安定・成長」という「現代財政の三つの役割（機能）」として、一応の総括と体系化を完成した。

三、「新自由主義」「供給サイドの経済学（財政論）」

ところが、これまで国家独占資本主義に支配的な財政理論として事実上君臨してきたケインズ理論も、ほぼ一九七〇年代に入って以降、その「有効性」が問われ、あるいは批判される事態にたちいたった。その情勢的背景と理由については、すでに前節で述べたとおりである。

簡単にくり返すと、ケインズ理論によれば、継起的にしか生じないはずであった不況とインフレが、同時進行的に発現（併発）し、また、やや長期的観点からすれば生じないはずであった財政危機が、長期かつ慢性的性格をもって深化し、さらには「安定的」な「高成長」を持続するはずであった総体としての国民経済が、不況の頻発と長期化、低成長に見舞われるにいたったからである。しかも、これは特定の国、特定の一時期に限定された特殊例外的な現象ではなく、七〇年代以降、アメリカをはじめ、すべての先進的国家独占資本主義国に共通する国際的現象となったからである。

こうして、財政理論も再び転換を余儀なくされた。一言でいえば、不況・インフレ・財政危機という「三重苦」を同時に「克服」することによって、経済の「インフレなき継続的安定成長」を可能とする新しい「処方箋」が、現局面の国家独占資本主義の要請するところとなったのである。

「国家は、こうした条件のもとで、ケインズの処方箋では解決しえない次のような問題に直面した。インフレを加速せずに、生産と雇用の増大はいかに促進されるべきか。経済成長を阻むことなく、また失業を増大させることなく、インフレはいかにして克服されるべきか」（前掲、I. M. Ossadtschaja 論文）。

そして、この要請に応えんとして登場した新理論が、「供給サイドの経済学」「新マネタリズム」「新自由（古典）

主義」「新保守主義」等々の一連の理論・イデオロギーにほかならなかった。

新理論は、国家による「総需要管理」をベースとするケインズ理論を「需要サイドの経済学」(demand-side-economics)と称し、自らを「供給サイドの経済学」と呼ぶことによって、その対照性を強調する（ただし、この名称はアメリカの商業新聞によって一般化されるにいたった新用語である)。スタグフレーションの「克服」、「インフレなき持続的安定成長」の「達成」のためには、需要サイドのみでなく、供給サイドをも重視する必要がある。そのためには、供給力の拡大、すなわち労働生産性と生産能力を高めなければならないが、それには、貯蓄の増大とその投資化を促進し、労働者の勤労意欲を高める必要がある。また。そのためには、ケインズ理論の制度化によって肥大化し、歪められた税制、社会保障制度をはじめ財政制度の全面的見直し、需要サイドのみならず、国民経済のシステム自体に働きかける政策が必要である、とした。

その論点を整理して示せば、ほぼ以下のようにまとめられよう。

①　スタグフレーション、経済の低成長ないし停滞、財政危機、等々を招いた元凶は、需要サイドに偏向した政府の肥大化と過剰介入にある。資本主義経済のダイナミズムは、いまなお基本的には、市場メカニズムに基礎をおいた民間企業の投資と生産活動にこそある。したがって、国家の経済過程への介入・規制は、大枠として縮小をめざしつつ、投資と生産活動の促進と活性化、すなわち供給サイドに重点的に集中すべきである。

②　ケインズ理論では、たとえば不況時には、投資誘因が貯蓄誘因にくらべて萎縮し、その結果、過剰貯蓄が生じる可能性があるため、この投資と貯蓄のギャップを国家による追加有効需要＝公共投資で補完する必要があると主張した。しかし、投資誘因の萎縮と投資の停滞の原因は、むしろ逆に、貯蓄の過少と貯蓄に見合った民間企業投資が阻害されている点にある。

③ このうち、過少貯蓄をもたらしている理由は、第一に社会保障・年金制度、第二に資本所得課税制度にある。前者については、年金、諸給付に見合う分の個人貯蓄を一般に不要ならしめ、また受給年金も消費支出に充当されるため、個人貯蓄を減少させる。したがって、過少貯蓄を解消するためには、社会保障支出の削減、公的年金の私的年金への転換など、社会保障・年金制度の根本的見直しが必要である。

また後者については、一般に高率課税のために、企業の税引後の収益率を低下させ、それが過少貯蓄をもたらしている。したがって、利子・配当所得の総合所得からの控除（日本では早くから実施ずみ）、個人・法人・資産課税における累進税率の緩和をはじめとする税率の引下げ、個人・法人所得税から間接消費税中心の租税体系への移行、等々が必要である。

④ また、②で指摘した二つの要因のうちの第二、すなわち民間企業の投資誘因を阻害している理由についていえば、法人所得への高率課税や、インフレによる固定資本の実質的回収が困難なため、投資からの収益率が低下せざるをえないこと、などによる。したがって、この障害を除去するために、法人税率の引下げ、インデクセーション indexation（物価スライド制）付き減価償却制度（税制）の採用、等々が必要である。

⑤ 総じて、ケインズ理論の適用のもとでの政府の肥大化が、民間部門の経済活動の誘因・インセンティブ（incentive）を減退させる要因となっている。したがって、このインセンティブを復活させるために、国家的諸規制の緩和、民間活力の導入、均衡予算原則の復活、「小さな政府」の実現、等々が必要である。

⑥ 以上から、財政政策上の実践的結論として、(1)資本（法人ならびに個人）課税の減税を重視した減税政策、(2)社会保障費、公務員の人件費を中心とした歳出削減、(3)民間部門への国家の介入・規制の緩和（「民営」化、民間活力導入など）、(4)均衡予算主義の復活、(5)「小さな政府」の実現、(6)安定的な貨幣・金融政策（マネーサプライの「適正」

管理)、(7)以上の諸方策を通じた貯蓄率の増大、民間投資の促進、生産性の向上、国民経済の活性化、といった図式が一応導きだされる。

こうみてくるとき、一九七〇年代以降の国家独占資本主義の現局面に対応し、あるいはそれによって規定された最新の理論が、ケインズ理論にたいするアンチ・テーゼとして、市場メカニズムへの信頼、「小さな政府」の実現、均衡予算主義、等々への回帰を提起しているかぎりでは、古典派理論のある種の反動的ルネッサンスと呼ぶこともできよう。ここで反動的というのは、現代の資本主義は、かつての古典派理論の背景をなした自由競争段階のそれではなく、国家独占資本主義の段階にあるからである。いいかえれば、なんらかの国家による介入・規制なくしては、資本蓄積の諸条件をもはや維持できない資本主義であり、この意味で、市場メカニズムへの信頼を基礎とした均衡予算主義と「小さな政府」の実現は、全体的、長期的には所詮不可能な——部分的、一時的には可能であれ——、したがって観念的な政策目標でしかありえないからである。

したがって、古典派やケインズ理論がそれなりに一貫した「体系性」をもっていたのにたいして、最新の理論は、論理的な首尾一貫性を多かれ少なかれ欠いた弥縫策的性格を持たざるをえないことにもなる。そのことは、例えば、歳出削減を主張しながら、財政赤字とインフレの重大な元凶であるにもかかわらず、軍事支出を事実上その対象から除外していること、減税を主張しながら、それも資本課税の減税に重点がおかれ勤労所得減税が無視されていること、ケインズの「総需要管理」政策を批判しながら、有効需要創出による不況・恐慌対策を完全には理論的にも——ましてや、実際の政策においては、依然として多かれ少なかれ採用せざるをえないでいる[注(2)]——排斥しえないこと、等々にもみられるところである。

したがって、勤労大衆への巨額な犠牲転嫁によって、現下の長期・深刻な財政危機の「解消」に成功すれば、ケインズ理論が新たに再評価され、再浮上する可能性が十分に予想される。

こうした意味では、最新の一連の理論は、「新保守主義」というかぎりでは、イデオロギー的一貫性をもっているといいうるとしても、[注(3)]理論的には体系性や一貫性を欠いた混沌の域――ケインズ理論と反ケインズ理論との矛盾にみちた混合――を出ていないといってよい。あるいは、現代の国家独占資本主義はいまやそうした矛盾した「処方箋」しか見出しえないほどの危機的局面に陥っている、といった方が妥当であろう。一貫性があるとすれば、それは一方的な犠牲の大衆転嫁によって、新たな危機を乗りきろうとする点にある。

いずれにせよ、現代の国家独占資本主義のもとでは、なんらかの形態の国家による介入・規制なくしては、資本蓄積の諸条件を維持することが不可能なのであるから、ますます狭められた政策上の選択可能性のなかで、今後さらに、介入・規制の新しい形態と内容を求めて、理論的ならびに政策実践上の模索が続けられるであろうし、またそうせざるをえないことだけは確かである。そしてそれが結局帰着するところは、資本主義の基本的矛盾と一般的危機を、長期的趨勢として、いっそう深化させずにはいないことも、また確かである。

注

（1） 日本共産党も、プロレタリアートの「独裁」を「執権」へ改めて以降、事実上ほぼ同様の誤りに陥っているといわなければならない。

「党綱領第五節の『労働者階級の権力、すなわちプロレタリアート独裁の確立』のうち、『独裁』を『執権』にあらためる」（『日本共産党第一二回大会決定集』一三一頁）。

「人民的議会主義の立場は、その現在とともに、その将来をもっています。／その将来はどうか。わが党は、民主連合政府の段階はもちろん、反帝反独占の民主主義革命をへた独立民主日本の段階でも、さらにすすんで社会主義日本の段階でも、すべての段階をつうじて、……政府に批判や反対の態度をとる政党であっても（したがって、独占資本の政党であっても⁉）、あるいは歴史を逆転させようとする反動的な思想や潮流であっても（したがって、一般的にいって反革命的な「思想や潮流」であっても⁉）、不法な暴力で社会の転覆をはかる勢力でないかぎり、言論・表現・出版・集会・結社の自由が保障される／このようにわが党の人民的議会主義は、……その根底には……科学的社会主義の根本的見地がある」（同、三八～九頁）。

（2）　たとえば、わが国の場合でいえば、「行革」の一環として、「民間活力の導入」の名のもとに、電電・専売公社、国鉄の「民営化」や関西国際空港、東京湾横断道路、都市再開発など大型プロジェクトの官民共同出資による建設が推進されている。これは、個別独占資本にたいして、十分に採算（利潤）を保証しうると見込まれる分野ないし部分の公共企業や公共事業を「民営化」ないし民間資本参加させることにより、過剰遊休資金の新たな投資先を提供することとあわせて、「内需」＝有効需要を積極的に創出、提供しようとするものであることは言うまでもないであろう。この意味では、ケインズ理論は新たな形態で踏襲されている。

（3）　「現在優位に立っているのは保守主義であり、おそらくまだ当分はそうであろう。需要の増大を求めるリベラルなブルジョア的『混合経済』モデルが、勤労者に対する譲歩の考えをとりいれたため、これに対して保守主義的な経済政策的戦略は、勤労者の諸権利を最大限に剝奪し、国民所得の再分配において彼らの持ち分を減らし、資本所有者の利益を最大限に擁護することを目標としている。

しかし永続的に『健全な』均衡のとれた国家財政という概念は、国家独占資本主義においては、依然として達成しえないユートピアであり、財政赤字の増大は、依然として資本主義経済の不動の法則性であり続けるであろう。インフレの退治を狙いとした高金利政策は、結局は資本蓄積と経済的発展を妨げる。高金利は一方で真の資本蓄積を阻止し、他方で追加的貨幣資本の国内への流入をよびおこす。

保守主義的な政策は同時に失業の著しい増大をひきおこした。これは疑いもなく、この国の勤労者の側における社会的矛盾と不満の激化を意味することになろう。全体として、この政策は資本主義経済における恐慌（危機）現象の緩和を決してもたらさなかった。しかし、保守主義は資本主義諸国における広汎な勤労大衆の経済的状況にだけ損害と危険をもたらしているのではない。親保守主義的な経済政策は、排外主義の復活、覇権追求の強化、核の破局による人類への脅迫と結合している」（前出、I. M. Ossadtschaja 論文）。

（初出、『唯物史観』、第二七号—向坂逸郎先生追悼号—、一九八五年）

Ⅲの四　新自由主義と税・財政

（一）現代資本主義と新自由主義

「ある時代の支配的思想は、常に支配的階級の思想にほかならない」[注(1)]という。マルクス・エンゲルスの有名な命題がある。

資本主義の各々の時期に支配的な思想や理論は、概ね、その各々の時期の経済的諸条件を客観的背景とし、それによって究極的に規定された支配的な総資本の意思の思想的、理論的表明——その各々が、どの程度まで科学的でありうるかどうかは差し当たり別として——にほかならない、と言い換えてもよい。この命題は、現代の経済理論（思想）や税・財政理論（思想）にも、基本的、一般的に当てはまる。マルクス経済学者だけでなく、計量経済学者の佐和隆光教授も、この命題を肯定的に援用しつつ[注(2)]、近年激動ないし動揺甚だしい理論・思想を歴史的に総括し、そのうえで「資本主義の再定義」に挑まれている。

現代資本主義を文字どおり画する第二次大戦後、すでに五〇余年、半世紀を経過し、二一世紀への入口に差し掛かっている。現代資本主義とは、狭義に解すれば、一九三〇年代の世界大恐慌以降、今日に至る時期と捉えて、さほど異論のないところであろう。また広義に解すれば、独占資本の成立と支配を実現した一九世紀末から二〇世紀初頭にかけて以降と、筆者は捉えている[注(3)]。独占資本——その名称や存在態様は、学派のいかんにより、あるいは時期や国のいかんにより、いろいろあり、また変化があるが——が、この時以降今日に至るまで、経済構造や歴史発展において、もっとも決定的で共通要因をなしているといってよく、またしたがって時々の支配的な思想・理論の究極的な規定要因でもあるからである。

こうした現代資本主義の時期区分に概ね照応する支配的な税・財政理論（思想）と、その推移を象徴するのが、ワーグナーに代表される税・財政論（一九三〇年代まで）——ケインズ、マスグレイブに代表される税・財政論（一九三〇年代以降）——そしてハイエク、フリードマンに代表される最新（一九七〇年代末から八〇年代初以降）の新自由主義（新古典派）の税・財政論である（補注・二〇〇八年九月のいわゆるリーマン・ショックとともに、これも破綻した。この点、本書Ⅱの二、三参照）。

だが、佐和教授によれば、すでに九〇年代に入って、この最新の新自由主義（新古典派）、言い換えれば「八〇年代に復権を遂げた自由放任の思想」「市場万能思想に一抹の陰りがさしつつある。[注(4)]」「九〇年代初頭、先進資本主義諸国に長期かつ深刻な不況をもたらし、市場経済の自律的な調性機能にたいする不信の念を助長し、ひいてはそれが、政府の役割の再評価の気運を醸成しつつある[注(5)]」。とりわけ、「ポスト工業化社会」という「新しい階梯」を迎える「二一世紀の資本主義は世界的規模での深刻な問題をはらむものと予想される[注(6)]」ことを考慮すれば、尚更そうであるとして、以下の五点を列挙されている。

「第一、需要が停滞するなか、供給余力をかかえた国々が、限られた市場の奪い合いをくりひろげ、国際情勢は不穏なものとなろう。そのひとつの結果として、世界経済のブロック化がすすむであろう。

第二、諸悪の根源は人口爆発であるとの認識から、途上諸国と先進諸国のあいだに人口問題をめぐる軋轢が生じるであろう。

第三、モノ作りの拠点が先進諸国から東アジアに移転し、労働力化率と製造業の就業者比率を先進国並み（前者が六〇％、後者が三〇％）と仮定すれば、四億人近くの人びとが製造業に就労することになり、先進国がモノ作りから完全に撤退しない限り、世界全体の工業製品の供給能力は約二・五倍にもなる。モノの供給能力の過剰は、第二次産業から第三次産業への大規模な労働力の移動を余儀ないものとする。もし第三次産業の雇用吸収力が十分でなければ、先進諸国のみならず途上諸国でも大量の失業が発生する。その結果、途上国から先進国への大規模な労働力の移動が避けられまい。

第四、農業の土地生産性が画期的に向上しないかぎり、食料需給の逼迫が懸念される。マルサスの予言は、技術進歩がゆきづまる（可能性の高い）二一世紀にこそ当てはまりそうである。

第五、人口爆発と途上諸国の急速な工業化と経済発展の結果、エネルギー消費が急増し、地球環境の汚染は危機的水準にまで深刻化するであろう。また、それにともなうエネルギー価格の高騰はむろんのこと、二一世紀前半期のうちに石油、天然ガスなどの枯渇という深刻な事態が将来されかねない[注(7)]」。

このように、「二一世紀の資本主義」は、「世界的規模での深刻な問題」と「危機」をはらむことが予想される以上、こうした「難問の解決を、市場のみにゆだねてすますわけにはゆかない」し、また「『市場万能』か『政府万能』かの二者択一をすればそれですむ」というわけにもゆかない。かくて、「二〇世紀末の現在から二一世紀の初頭にかけて、自由放任は再度の（スミスに代表される古典派について…引用者）終焉をむかえるものと予想される[注(8)]」と述べられている。この見通しに関する限り――その時期や根拠は、さておいて――、筆者も同感である。というよりも、新自由主義の政策的失敗は、実際にはもうとっくに欧米でも日本でも明らかとなっているといった方が適切であろう。にもかかわらず、二一世紀に向けた日本経済の「再生」プランとしての『経済戦略会議報告』（一九九九年二月、最終答申）は、今後日本の経済政策、税・財政政策の基調として、なおそれを踏襲しようとしている。新自由主義にたいする佐和教授の評価、ひいては「資本主義の再定義」には、首肯しうるところも少なからずあるが、同時に首肯しがたい点もある。

その主な一つは、国家独占資本主義という視点がないことである。もっとも、これを計量経済学者に求めることは、それこそ無い物ねだりの類と言うべきであろう。だが、この用語ないし概念は別としても、その構成要素をなす少数の独占（寡占）資本、いわゆる「政・官・財」複合、等々それ自体は、理論的立場の相違を超えて、誰しも否定することのできない現代資本主義の厳然たる実態であり、客観的な社会的構造そのものである。そしてまた、これらは経済面はもとより社会のあらゆる面にわたって、重大で決定的ともいうべき影響力を現に行使している社会的実在である。こうした重要な問題ないし論点についての言及がほとんどないことは、大きな難点といわなければならないであろう。

もっとも今日では、マルクス経済学を理論的ベースとする論者のあいだでも、この用語、というより現代資本主義分析の一般的、基本的視点ないし概念は、必ずしも市民権を得ている現状にはない。たとえば、次のような批判的見解がある。

「現代資本主義（国家）を指す用語として『国家独占資本主義』がある程度用いられている。しかし、二つの理由から、この用語は現代を指すのに福祉国家ほどは適当でないと考えられる。まず第一に、日本語として言葉自体の意味内容がはっきりしない。自由主義とか帝国主義とか言えば、その時代の全政策体系を一言で要約し、象徴していて、ふつうの人にイメージを一応は喚起させることができる。時代区分である以上、それは言葉として不可欠の条件であろう。

第二に、この用語は日常的、通俗的に用いられていない。たしかめたわけではないが、資本主義とか帝国主義とかは、社会科学用語になるより前に世間で通用していて、自称・他称の自由主義者や帝国主義者というものがいたのであろう。それは時代精神をよく表しているが故にそうなっていたのであって、社会科学者は後から、その厳密な内容の確定と歴史的な意義付を行ったのである。社会科学用語は——少なくとも時代区分に用いられるほどの重要な用語は——現実とそのように対応していなければなるまい。国家独占資本主義という用語は明らかにその条件を欠いている。福祉国家は、自由主義や帝国主義ほどには流通性や使用頻度が高くないと思われるが、しかし日常語として、それなりに時代精神を体現した言葉として生きているとみなしてさしつかえない[注(9)]。

みられるとおり、「言葉自体の意味内容がはっきりしない」「その時代の全政策体系を一言で要約し象徴して」いない、「現実と対応して」いない等々の理由で、国家独占資本主義は、「時代区分に用いられるほどの重要な用語」としては不適当であるとされている。だが、現代資本主義も、第一に依然として資本主義であり、その一般的本質は不変であること、第二に少数の独占的大資本が、経済をはじめあらゆる面で実権を保有し、規定的要因をなしていること、そして第三に、この独占資本と国家との融合・癒着（「政・官・財」複合は、その象徴）、国家による介入・規制——もっとも、その具体的な態様、強弱の程度は、時期によって大いに異なる——が顕著であるという点で、国家・独占・資本主義という用語（概念）は、少なくとも既存の他の用語に比べて、現代資本主義の基本的性格と歴史的特徴、「全政策体系」の本質と特徴をもっとも現実的に的確に表現しているといってよい[注(10)]。論者が主張する「福祉国家」よりは、はるかに的確に現代資本主義の歴史的、階級的特徴を表現している。もっとも、最重要な課題は、内外の諸条件の変貌——とりわけ、いわゆる「冷戦構造」の崩壊をはじめ——著しい九〇年代以降の現代資本主義、換言すれば国家独占資本主義の新たな再編過程の具体的分析に、この概念をいかに活用し適用するかにあることは言うまでもない。

首肯しがたいもう一つは、現代資本主義の将来像についてである。

佐和教授は、二一世紀の資本主義を、ダニエル・ベル注(11)に依りながら、「ポスト（ないし脱）工業化社会」と捉えている。そしてこの「新しい階梯」の特徴を四点注(12)挙げられ、その第一の「経済の『ソフト化』の進展」を、「ポスト工業化社会」の主たる根拠とされている。たしかに、注（12）に示されている個々の具体的な指摘については、必ずしも全面的に賛同しえないわけではない。だが、なによりも肝心なポイント、すなわち支配的資本の存在態様ないし構造が、「新しい階梯」としての二一世紀資本主義において一体どうなるのかが不明であり、この点の分析の欠落が、恐らくは先の第一の難点とも関連して、重大な難点をなしているといわなければならない。

（二）新自由主義の一般的・基本的特徴

第二次大戦後に限っていえば、ほぼ一九八〇年代初頭ころまで、支配的な優勢を誇った経済理論ならびに税・財政論は、いうまでもなく一九三〇年代世界大恐慌を契機に誕生したケインズ理論であった。これが、わが国を含む先進資本主義諸国に共通する政策運営――とりわけ、財政・金融政策――の基調をなした。

スミスに代表される古典派財政論のアンチ・テーゼとしてのケインズ流財政論、別名フィスカル・ポリシーの財政論は、ほぼ以下の内容を骨子としていた。生誕の契機からして当然ながら、その中心をなすのは、赤字国債を主な財源とする内需拡大――公共投資、減税、社会保障費など――による景気（不況）対策であり注(13)、これを金利引下げなど金融政策によって補完するというものであった。これによって恐慌の発現の防止と景気変動を調節して、経済の長期的な安定的成長を確保しつつ、政治的には、社会改良主義（社会政策）に基づく社会保障の一定程度の拡充によって、内外の社会主義的勢力と対抗しつつ、政治的・社会的安定と体制延命を意図するものであった。だがケインズ理論（政策）も、ほぼ一九七〇年代末以降、その有効性が問われる事態を迎える。注(14)七〇年代半ば以降、先進資本主義各国に共通する経済の低成長と長期・深刻な財政危機（財政赤字の累積）の出現と進行が、それである。これは、不況期――財政赤字、好況期――財政黒字、長期的には均衡財政維持という、フィスカル・ポリシーの財政論のいわば核心をなすシェーマを自己否定する事態にほかならなかったからである。注(15)

言い換えれば、ケインズ政策が従前のように予定どおり機能しなくなって、いわば行詰まり状態に陥り、その有効性が著しく低下したことを意味する。ここに、総資本の政策要請も当然ながら新たな転機を迎える。この新たな要請に応えるべく登場したのが、新自由主義（新古典派）とその財政論にほかならなかった。新自由主義は、「政府の市場介入をいっさい認めない、自律的な市場経済を理想とあおぐ」。「市場経済を、時空を超えて『効率的』な普遍的経済システムとみなす。すなわち、市場経済はいつでもどこでも効率的な経済システムである、というのが新古典派の大前提なのである。言い換えれば、市場経済の効率性は時間的かつ空間的な拘束をいっさい受けつけない、すなわち市場経済にまさる経済システムは、古今東西、存在しえないことを、新古典派経済学は暗黙の前提にすえているのである注(16)」。

いわれるとおり新自由主義は、まず第一に事実上資本主義と同義の「市場経済」を、「時空を超えて『効率的』な普遍的経済システム」とみなし、「市場経済」を超歴史的に理想化するところに基本的・一般的な特徴がある。だが、「市場経済」は人類社会の最初から存在したわけでもなければ、未来永劫に存続する理論的保証もない。また、「市場経済」は、無条件に「効率的」で、最良の「理想的」な経済システムである、という理論的保証もない。佐和教授は、こうした新自由主義の立論の仕方を非「歴史主義的方法」として批判され――この点筆者も同感である――、次のように述べられてる。

「新古典派経済学のテキストに『資本主義』という言葉はめったに登場しない。なぜなら『資本主義』という言葉自体が、歴史主義的方法の所産、したがってマルクス経済学の用語であり、歴史を捨象する新古典派経済学になじまないからである。いったん歴史を捨象してしまえば『資本主義』という言葉は経済学の文脈から消え失せてしまうのである。

新古典派経済学のテキストに登場する、資本主義にもっとも近い概念は『市場経済』である[注(17)]」。

新自由主義の第二の基本的・一般的特徴は、「自由放任（政府介入の排除）」とその下での「自由競争」にたいする崇拝ないし万能視である。

「七〇年代末から八〇年代初頭にかけて、政治の潮流に一大異変が生じた。

イギリスでは一九七九年にマーガレット・サッチャーの保守党が労働党から政権を奪還し、八〇年にはアメリカの大統領選挙で共和党のロナルド・レーガンが勝利し、そして八二年には日本で中曽根康弘政権が誕生した。いずれ劣らず強靭なリーダーシップを備えたサッチャー、レーガン、中曽根の三氏は、まるで相呼応するかのように、それぞれの国において一連の新保守主義（新自由主義）改革を矢継ぎ早に断行した。

一八世紀半ばから一九世紀半ばにかけての一〇〇年間と同様、一九七〇年代末から九〇年代初頭にかけての約一五年間は『自由放任』がもてはやされた時代であった。言い換えればそれは、ケインズによって葬られたはずのアダム・スミスの亡霊が、およそ半世紀ぶりに蘇生した時代であった。

実際、自由競争市場を万能視する古典的自由主義の思想が、八〇年代の英米日三国における政府の政策運営の基調をかたどり続けた。自由競争こそが資本主義経済の活力の源泉とみなされ、『個々人が私利私欲を追求するに任せておけば、国ないし社会全体の福利が最大限達成される』とのアダム・スミスのテーゼが金科玉条のように奉られ、『小さな政府』と民間活力が喧伝され、公営企業の民営化が矢継ぎ早に推し進められた[注(18)]」。

政府による度重なる経済介入（主として不況対策）の結果、長期・深刻な財政危機と財政の硬直的肥大化（「大きな政府」）となって現われたケインズ理論の行詰りへの批判として、スミスに代表される古典的自由主義は、新自由主義の論者にとって、ある意味で格好の理論的「武器」ではあった。というのは、スミスの「自由放任（小さな政府、いわゆる夜警国家）」「自由競争」論も、重商主義政策（政府介入）による財政危機の深刻化と「大きな政府」にたいする批判を直接的な契機として生誕したものであったからである[注(19)]。

しかし、こうした現象面の類似性でもって、今日、古典的自由主義の復権を主張しようとするのは、スミス理論の非歴史的、機械的な適用（模倣）といわねばなるまい。理論適用の歴史的条件が、当時と今日ではまったく相異なるからである。前者は、文字どおり資本間の自由競争が必然かつ可能な歴史的段階の資本主義であり、後者は、少数の独占資本（これは、いうまでもなく自由競争の一定の制限を条件として成立、存続する）が実権を握っている歴史的段階の資本主義である。

言い換えれば、「新」自由主義は自由主義的な理論や政策を適用できる歴史的条件がもはや存在しないところで、それをあえて適用しようというものであるから、「新」自由主義の理論と政策は抽象的次元では一応の一貫性をもちえても（機械的なおうむ返しであるから）、具体的次元においては相互に矛盾に満ちた性格を帯びざるをえなくなる。たとえば、「自由競争」を主張しておきながら、今日その最大の障害物であるはずの独占資本については、その排除ないし解体にはまったく手をつけない（実際はむしろ逆）、また「自由放任」（政府介入排除）を主張しておきながら、管理通貨制度の根幹にはまったく手を触れないばかりか、国際的にも異常な超低金利、大規模な「公的資金の投入」、内需拡大による不況対策、等々を推進していることが示しているとおりである。

自由主義の現代的適用が実際に意味するものは、結局は、資本（独占資本）による利潤追求の「自由」の拡大（独禁法の適用緩和、持株会社の解禁、国・公営企業や公的年金制度の「民営化」など）、資本（独占資本）にたいする従前の公的規制からの解放と「放任」（「規制緩和」）、国際的なメガ・コンペティション（グローバリゼイション）下の社会の全面的市場化（「市場原理」）の徹底、そしてひいては「市場経済」に固有の生産の無政府性の増幅である。よく言われるとおり、現代的な〝弱肉強食〟の経済システムの追求と言い換えてもよいであろう。[注(20)] 主観的意図は別として、客観的に、「新」自由主義が果たす役割は、こうした一連の政策推進の理論的正当化（ないし論拠提供）というほかない。この意味では、理論的デマゴギーと呼ぶ方が正当であろう。

(三) 新自由主義と税・財政

一般的に上述のような特徴をもった新自由主義が、税・財政面において、どのような特徴ないし傾向となって反映し、あるいは発現するかは自ずと明らかであろう。ほぼ七〇年代後半以降の国際的な長期財政危機の進行（九〇年代末におけるアメリカの財政収支好転など、一時的な例外はある）下で、国際的にほぼ共通して採られてきた政策路線、すなわち財政「再建」、「行政改革（行革）」、「抜本的税制改革」等々によって、基本的にはすでに実証ずみといってよい。[注(21)]

新自由主義は、すでに述べたとおりケインズ理論の行詰まりを象徴する長期・深刻な財政危機を直接的な契機として登場したものであるから、まず何よりも、財政「再建」の路線と方策として具体的に示されることはいうまでもない。だが新自由主義は、実際上は、既述のとおり、資本（独占資本）の論理のかつてなくストレートな全面的展開を大きな一特徴とするゆえに、それは基本的に大衆負担による「再建」という資本主義的財政再建の性格と傾向を一段と強めたものとならざるをえない。くわえて、八〇年代末の「冷静」終了以降における内外「革新」勢力の著しい後退（ソ連・東欧の崩壊、社会党・総評ブロックの解体は、その象徴的事例）と、労資間の力関係の大きな変化（前者の著しい弱体化）によって、こうした傾向はいっそう増幅される。

たとえば、消費税の導入と税率引上げ（ＥＵでいえば付加価値税率の引上げと逆進性緩和措置のなしくずし弱化）、「受益者負担」の強化、社会保険料（税）の引上げと新設など、反面で所得税率構造の「フラット化」（累進性緩和、スミスの比例税率課税の機械的適用）、法人税率の引下げ、租税特別措置等に代表される資本優遇税制の温存、強化など、がそれである。また主として歳出面でいえば、社会保障費の縮減、「民間活力導入」・公企業ならびに事業（公的年金制度を含む）の民営化ないし「民間委託」化・「規制緩和」による財政・公共部門のスリム化（「合理化」）など、反面で不況「対策」としての内需拡大、金融システム「安定」のための公的資金の投入、「社会資本」の整備、防衛関係費など総じて資本優遇の歳出構造の確保、がそれである。そして、こうした内容の総体が、いうところの「小さな政府」の内容である。新自由主義がいう「小さな政府」とは、たんに小規模な政府（財政）の意味ではない。それは量（財政規模）の点も然ることながら、むしろポイントはその質的内容にある。言い換えれば、日本資本主義の現代的諸条件に見合って、資本の論理をよりストレートに貫徹する国家独占資本主義としての国家機能の拡大、強化である。

二一世紀に向けた「日本経済再生への戦略」と題する『経済戦略会議報告』（小渕首相直属の諮問機関の答申。中間報告、九八年一二月、最終答申、九九年二月）も、一言でいえば、上述の新自由主義がもつ一連の特徴を基本的に踏襲している。あるいは、それを基調として策定されているといってよい。注(22) それをもっともよく象徴するのが、結びの文言である。「数々の構造改革を断行した暁の日本経済は、従来とは全く異なる新しい姿をみせるだろう。日本も従来の過度に公平や平等を重視する社会風土を『効率と公正』を機軸とした社会に変革して行かねばならない」。だが同時に指摘しておかなければならない重大な問題は「再生」を余儀無くされた日本経済の現状、すなわちバブル景気とその反動としての長期平成不況は、政策的・理論的にいえば、新自由主義の産物であるにもかかわらず、この点の政策的・理論的な自己批判がほとんどみられないことである。そればかりか、これからも経済政策、税・財政政策の基調として、同じ〝轍〟を踏もうとしている。

注

(1) マルクス・エンゲルス『共産党宣言』、大内兵衛・向坂逸郎訳・岩波文庫、六六頁。
(2) 佐和隆光『資本主義の再定義』、岩波書店、三三頁。
(3) 小林晃『現代租税論の再検討』、第一章参照。
(4)、(5) 前掲、佐和、一八九、四〇、二〇三頁。
(6)、(7) 同上、一九八〜二〇一頁。
(8) 同上、三九頁。
(9) 林健久『福祉国家の財政学』、有斐閣、五頁。
(10) 小林晃『財政学要説』、税務経理協会、五五頁以下参照。なお、「福祉国家」論については、本書Iの四参照。
(11) ダニエル・ベル『脱工業化社会の到来』、内田忠夫他訳、ダイヤモンド社。
(12) 「第一、サービス、情報、ソフトウェアの生産にたずさわる人びとが全就業者の四分の三前後を占めるようになり、国内総生産に占める情報・ソフトウェア関連産業の生産の比率が高まる。また、工業製品の生産コストに占める情報やソフトウェアのコスト・シェアが一段と高まる。いわゆる経済の『ソフト化』の進展である。だとすれば、労働投入量によりモノの価値をはかるマルクスの労働価値説は、情報やソフトウェアの価値の物差しとしては、とても通用しそうにない。また、情報やソフトウェアの市場では、限界効用の逓減と限界費用の逓増を前提とする、右下がりの重要曲線と右上がりの供給曲線の交点で価格が決まるという、新古典派の価格理論の前提の妥当性もまた疑わしくなる。

第二、環境保全への気運が高まり、環境調和型の企業行動や消費者行動が、これまでにも増して求められるようになる。また、環境保全と経済成長とがトレードオフの関係にあるとき、環境保全のほうが相対的に優先される事例が多くなる。大量生産、大量消費、大量廃棄の二〇世紀型工業文明の見直しが始まり、メタボリズム（循環代謝型）文明への転換がうながされる。メタボリズム文明とは、適正消費、極小廃棄、リサイクル、省エネルギー、製品寿命の長期化などを具体的内容とする二一世紀型文明のことである。

第三、価値観が多様化し、画一性が排除され、人びとのライフスタイルが多様化する。その結果、もしくはその前提として、人びとは集団主義からの脱却を求められ、ここにきてようやく『個』の確立がかなえられる。

第四、社会的な価値規範がほとんど一八〇度転換する。集中から分散へ、効率から公正へ、画一から多様へ、量から質へ、複雑から簡素へ、線形思考から非線形思考へ、制約なしの極大化から制約付き極大化へ、メーンフレーム型組織からパソコン・ネットワーク型組織へ、等々」（前掲、佐和、一五三〜一五五頁）。

（13）「古典派が均衡財政、国家の経済仮定への不介入、『安価な政府』、国家からの経済の『自由放任』等々を主張したのに対して、ケインズにあっては、逆に、国家の経済・再生産過程への積極的介入なくしては、景気の安定、安定的な経済成長、不況と失業の『克服』と『完全雇用』の『達成』、『福祉の増進』等々は不可能であると主張した。また、国民経済観も、『自然的自由の体系』から、『私的セクター』と『公的セクター』との混在とみる『混合（二重）経済』論へ、国家観も『夜警国家』から『福祉国家』論（自由改良主義）へと転換せしめられた。

ケインズは、大不況からの脱出のためには、レセフェールではなく、国家が『総需要』を不断に『管理（規制）』し、赤字国債を財源とする公共投資によって『有効需要』を創出すれば、それが『呼び水』となって連鎖的な需要の『波及効果』を通じて、不況が『克服』され、雇用が増大し、景気の安定が可能であるとした。（pump-priming policy. アメリカで一九九三年にニュー・ディール政策として実施）。さらに、ケインズのこの立論は、ハンセン、マスグレイブ等に引きつがれて、不況・失業の『克服』のみならず、インフレの『克服』をも含む、包括的・体系的な利潤へと仕上げられていった。

その第一が、恐慌・不況期に財政支出の拡大や減税を実施するのみならず、インフレ期（好況・景気過熱期）には、それと逆の政策を採ること、つまり財政を抗循環的（counter-cycle, antizyklischen）に作動させることによって、不断に景気変動を安定化させるべきであり、またそれが可能であるとしたことである。補整的（compensatory）ないし裁量的（discretionary）フィスカル・ポリシーがそれである。第二は、こうした政策実施に多かれ少なかれ不可避なタイム・ラグを埋めるべく、財政制度それ自体に内在する『自動安定化装置』（built-in-stabilizer）——たとえば、累進課税や社会保障支出がそれで、前者は、不況時には自動的減税（自然減収）、好況時には自動的増税（自然増収）が進み、また後者は不況時の『有効需要』の減退を下支えする等——という考え方が取り入れられたことである。そして第三には、上述の第一、二をふまえつつ、主としてマスグレイブによって、『資源の最適配分』『公正な所得の再配分』『適度な経済成長の実現』という現代財政の四つの役割（機能）として、利潤的に体系化された。」（小林晃『財政学要説』、税務経理協会、一七〜一八頁）。

(14) 佐和教授は、九〇年代に入った日本経済の状況を念頭におきつつ、ケインズ政策の有効性を薄れさせた具体的要因として、以下の五点を指摘されている。なお、筆者の基本的理解については、前掲、二一〇〜二一一頁参照。

「第一、経済の『ソフト化』、とくにサービス経済化の進展が公共投資の乗数効果を、資金市場の多様化が公定歩合引き下げの内需誘発効果をともに薄れさせたこと。

第二、経済の『ストック化』がすすみ、地価と株価の上昇・下落が巨額の不良資産を生み、銀行、生命保険会社、不動産会社などが『不良資産の調性』という予期せぬ難問をかかえこまざるをえなくなったこと。

第三、経済の『自由化』がすすみ、経済の制御可能性がいちじるしく低下したこと。たとえば先物市場の開設などにより株式市場が多様化するにともない、公的資金による株価支持が難しくなったこと。

第四、経済の『ハイテク化』がすすんだこと。言い換えれば、素材型産業にかわり、ハイテク加工組立型産業が先進諸国のモノ作り経済の中枢に位するようになったこと。公共事業の需要誘発効果が、自動車、コンピュータ、ＯＡ機器等々に及ぶまでには時間がかかるし、また、その効果も薄められる。

第五、モノの『豊かさ』が閾値を超えたこと。いまや道路工事に代表される公共事業の現場で働く労働者は、公共事業のおかげで収入が増えたからといって、すぐに電器屋さんに飛んでいったりはしなくなった。ひととおりの家電製品、耐久消費財はおおむね購入ずみだからである。」（前掲書、一八六〜七頁）。

(15) 佐和教授も、ケインズ理論に替って、「この時期に古典的自由主義が復権した」「理由」の第一に財政危機を挙げられている。

「第一、先進資本主義諸国のいずこにおいても、六〇年代後半から七〇年代前半にかけて、福祉、環境などにかかわる公共的な政策課題が優先されるようになり、政府の肥大化がはてしなくすすみ、その挙句に、オイルショックによる経済成長の突然の鈍化に見舞われ、各国とも深刻な財政赤字におちいったこと。

日本についていえば、一九六五年に始まる国債残高の累増が、七三年のオイルショックをへて後の減速（四％成長）経済のもとで加速され、『大きくなりすぎた政府』にたいして、厳しい批判が浴びせられるようになった。そして八一年には、財界主導の臨時行政調査会が設置され、『小さな政府』をめざしてのキャンペーンが開始された」（前掲、佐和、一八二頁）。

(16) 前掲、佐和、一七、二三頁）。

(17) 同上、二二〜二三頁）。

(18) 同上、三八〜三九頁）。

(19) この時期の「自由放任」「小さな政府」論は、客観的意味と歴史的役割において、経済的には、封建的・絶対主義的な旧体制の桎梏から生産力を開放し、政治的社会的には、民主主義を導入、拡充するという点で、一定の歴史的進歩性をもっていた。だが、現代の時期は、事態がまったく異っている。

「一九七〇年代以降の国家独占資本主義の新局面に対応し、あるいはそれによって規定された最新の理論が、古典派の財政論のアンチ・テーゼとして登場したケインズ理論に対するアンチ・テーゼとして、市場メカニズムへの信頼、『小さな政府』の実現、均衡予算主義への回帰を提起している限りでは、古典派理論のある種の反動的ルネッサンスと呼ぶこともできよう。いわば〝否定の否定〟である。ここで反動的というのは、現代の資本主義は、かつての古典派理論の背景をなした自由競争段階（ないしブルジョア革命期）のそれではなく、国家独占資本主義の段階にあるからである。言い換えれば、そもそも国家独占資本主義とは、なんらかの大幅で構造的な国家による介入・規制なくしては、資本蓄積の諸条件をもはや維持できない資本主義であり、この意味で、市場メカニズムへの信頼を基礎とした均衡予算主義と『小さな政府』の実現は、理論的には所詮不可能な――財政「合理化」と大衆増税を正当化するデマゴギー――、政策目標でしかありえないからである。歴史的反動性という限りでは、資本主義の矛盾の解決を小商品生産への復帰に根止めたシスモンディやナロードニキの方法とよく似ている。また、その反動性は、新理論にもとづく国際的な『行革』(行政改革)、『税制抜本改革』の実際の内容によっても具体的に実証されているといってよい。

したがってまた、古典派の財政論やケインズ理論がそれなりの一貫した『体系性』をもっていたのに対して、最新の理論は、理論的な首尾一貫性を多かれ少なかれ欠いた弥縫策的性格をますますもたざるをえないことにもなる。そのことは、たとえば、歳出削減と『小さな政府』を主張しながら、財政赤字とインフレの重大な一元凶であるにもかかわらず、軍事支出を事実上その対象から除外し、主に福祉切捨てに向けられていること、減税を主張しながら大衆減税には口をつぐみ、資本(大法人、高額所得)課税減税に重点がおかれていること、ケインズの『総需要管理』政策を批判しながら、有効需要創出による不況・恐慌対策を完全には理論的にも――ましてや、実際の政策においては、依然として多かれ少なかれ採用せざるをえないでいる――排斥しえないこと、等々にもみられるところである」(前掲、小林、『財政学要説』、二二四～二二五頁)。

(20) もっとも直ぐ後でみるとおり、新自由主義を基調とする『経済戦略会議報告』では、文言上では、「健全で創造的な競争社会」であって、「弱肉強食の競争社会」ではない、と再三にわたって(日刊工業新聞社、二二五、二九〇頁ほか)断られている。

(21) 拙著、前掲二書、ならびに『財政再建と税財政改革』、白桃書房、参照。

(22) 「中間報告」も「最終答申」も、新自由主義的基調に変わりはないが、「最終答申」では「中間報告」の一定の〝軌道修正〟が図られている。つまり、国民世論の批判にたいする政治的配慮から、「最終答申」では「セイフティーネットの構築」が政治的に殊更強調されている。だがそれも、「大きな政府」型ではなく、「小さな政府」型である、と釘を刺している(『報告』、二三四頁)。たとえば、「朝日新聞」(一九九九・二・二七)も、この点を次のように評論している。

「小渕恵三首相の諮問機関、経済戦略会議は『日本経済再生への戦略』と題する(最終答申)を首相に提出した。『健全な競争社会』の実現を打ち出した(中間報告)を引き継ぎ、『小さな政府』『活力のある産業の再生』『効率的金融システム』などの実現をうたっている。同時に、雇用対策、社会保障の充実も強調するなど軌道修正を図り、競争と相互扶助が両立する社会像を提起した。(中間報告)に比べて大きく変わったのは、雇用や社会保障を中心に『安心を保障するセーフティネットの構築』に力を入れた点だ。競争と効率を強調した(中間報告)に対し、社会保障を重視する経済学者らが批判を投げかけたのを意識した。規制や保護のない競争社会と、その敗者に生活保障をする仕組みの両立を、答申は『アングロ・アメリカン・モデルでもヨーロピアン・モデルでもない日本独自の第三の道』と名づけた。弱肉強食の米国社会を目指すのではないと念を押している。

議長代理でもある一橋大の中谷巌教授は『日本社会は平等への執着が強い。競争というと弱者はどうなるという話になる。国民の支持を得るためにはセーフティネットをきちんと書き込もうということになった』と話している。

ただ、具体策になると雇用対策では失業手当てを手厚くするより、個人の再教育に力点を置き、その費用を補助する『能力開発バウチャー(引換券)』支給制度を提案、企業が過剰雇用を吐き出せる環境を用意する狙いで『競争社会』という枠から決してはみ出していない」。

(初出・神奈川大学経済学会『商経論叢』第三五巻、第三号、二〇〇〇年)

Ⅲの五　現代財政と財源問題

（一）

財政危機、すなわち、ほぼ慢性的で長期の財政赤字は、現代資本主義（国家独占資本主義）の矛盾と危機の深まりを示す一大象徴といってよい。総資本（独占資本）としての現代国家が、その活動に要する財源調達に、慢性的かつ長期に、悩まされ続けている事態を意味しているからである。この状況は、ほぼ一九七〇年代以降、現在に至るまで続いている。

資本主義の周期的「業病」としての恐慌（不況）も、赤字国債（借金）を財源とする国家の有効需要創出（公共投資など）策で「克服」可能であり、また、この赤字国債も、やや長期のスパンでみれば、梃子入れによる好況下の税の自然増収によって、償還可能で収支も均衡する。そして、これによって、資本主義の経済的繁栄（ひいては政治的安定）も永遠に可能である――これが、国家独占資本主義の延命という使命を負う、いわゆるケインズ理論の骨子であった。

だが、ほぼ一九七〇年代に入って以降、こうしたケインズ流処方箋（総資本の願望）も、その破綻が顕《あらわ》となった。恐慌（不況）の「克服」が出来ないだけでなく、「スタグフレーション」（経済の低成長とインフレの同時併存を意味する新造語）という新たな病状が蔓延するようになり、また、財政の収支均衡どころか、逆に財政赤字の長期化・慢性化に見舞われるにいたったからである。

ここで、この「大きな政府」を標榜するケインズ理論の「限界」を「克服」すると称して新たに登場したのが、「小さな政府」を標榜する、いわゆる「新自由主義」であった。すでに周知のとおり、これは、具体的には、「小さな政府」（福祉・地方切捨て、民営・民間委託化など）、民営化（国有資産の分捕り）、規制緩和（独禁法の骨抜き、雇用の「流動化」、小零細業、小農漁業の切捨てなど）、等々の姿をとって現れ、そして実行された（この点、本書Ⅱの二、三も参照されたい）。

だが、この「新自由主義」という新処方箋もまた、二〇〇八年九月の米証券大手リーマン・ブラザーズの経営破綻と一連の金融危機—経済のグローバルな「カジノ」化によって増幅—を引き金とする世界恐慌の勃発によって、事実上破綻した。同時に、問題の国家財政赤字も、一方における恐慌に伴う大幅な税収減と、他方における独占資本のための「経済危機」対策の大盤振舞によって、さらに一層拡大した。こうして、慢性的かつ長期的な財政危機は、依然として、現代資本主義の行詰まりを象徴する随伴現象として継続している。

（二）

これまで、矛盾と危機の「処方箋」として支配的な経済政策基調をなしてきたケインズ理論も、そして新自由主義も破綻した現代の国家独占資本主義のディレンマを、ブルジョア・マスコミの次の経済記事は、ある意味で端的に吐露しているといってよい。

「規制強化と規制緩和は振り子のように揺れ動く。バブルがはじけ、実体経済にも被害が出ると金融規制は激しくなり、景気がよくなると、規制緩和が求められてきた。

今回の危機がなぜ、どのように起きたかは徹底的に解明するべきだ。それが健全な市場の復活に向けた条件になる。そのうえで規制の再構築も必要だ。だが、市場経済システムを採る以上、規制の振り子は今後も振れ続けるだろう。どの時代、どの国でもあてはまる『究極の正解』はないと考えたほうがよい」(「朝日新聞」、二〇〇九・一・一一)。

「健全な市場(経済)」を「復活」するために、〝規制〟か、それとも〝自由〟(規制緩和)か、その間を大揺れに揺れ、危機脱出の「出口戦略」のための「究極の正解」に窮する現代資本主義は、しかしそれだけに、勤労国民への犠牲の転嫁と搾取の一層の強化に、形振《なり》りかまわず、ますます狂奔する。これが、独占資本とその国家権力による「危機対策」、「景気対策」、「出口戦略」の基本であり、本質である。何らかの理由や事情(総選挙その他)によって、一時的・表面的に影を潜めることはあっても、この本質は変わることはない。

(三)

今次の「危機対策」「景気対策」においても、金融面での中央銀行による利下げや量的緩和とともに、主として財政面では、大量の国債発行を財源とする「公共投資」「公的資金投入」、一部銀行・企業の「国有化」などの措置が取られた。戦後かってない深刻な恐慌・不況に伴う大幅な税収減と相俟って、国家財政赤字も、かってなく大幅に増大した。

米商務・財務省発表によると、二〇〇七年一二月に始まった今次米国の景気後退(二〇〇八年九月以降、いっそう加速)は、これまで戦後最長だった一六カ月(一九七三〜七五年、一九八一〜八二年)を大きく更新し、すでに二〇〇九年六月末時点で、一九カ月という「歴史的な景気後退」が続いている。

同時に、米国の財政赤字も、すでに二〇〇八年度に四五八五億五五〇〇万ドルと過去最高を記録したが、二〇〇九年度は、これを大きく上回るペースで赤字が拡大し、二〇〇九年度の財政赤字総額は、一兆八〇〇〇億ドル（約一七〇兆円、日本の一般会計予算の約二年分に相当）に上ると見込まれている（「朝日新聞」二〇〇九・七・一五〜八・一による）。

ＥＵや日本ももちろん例外ではない。事態は、大同小異である。

日本では、二〇〇九年度、赤字国債を主財源とする過去最大の一五兆円規模の補正予算を組んだばかりだが、国・地方の長期債務残高は、二〇〇九年度末に、八一六兆円（国・六一九兆円―一般会計税収の約一〇年分に相当、地方・一九七兆円）に達すると見込まれている（**図1**参照）。これは、国内総生産（ＧＤＰ）の一六八・五％に相当し、六〇〜七〇％台の米英仏独に比べて、主要先進資本主義国で最悪の水準となっている。

こうして、米、ＥＵ、日本など、国家独占資本主義下の現代国家にとって、財源問題がかつてなく焦眉の問題として、クローズ・アップされる事態を迎えている。だが、現代国家とは、原則として、総資本（総独占資本）であるから、財政赤字解消・財源確保のための大衆大増税ならびに財政・大「合理化」必至の事態を迎えている、ということでもある。

図1　国と地方の長期債務残高

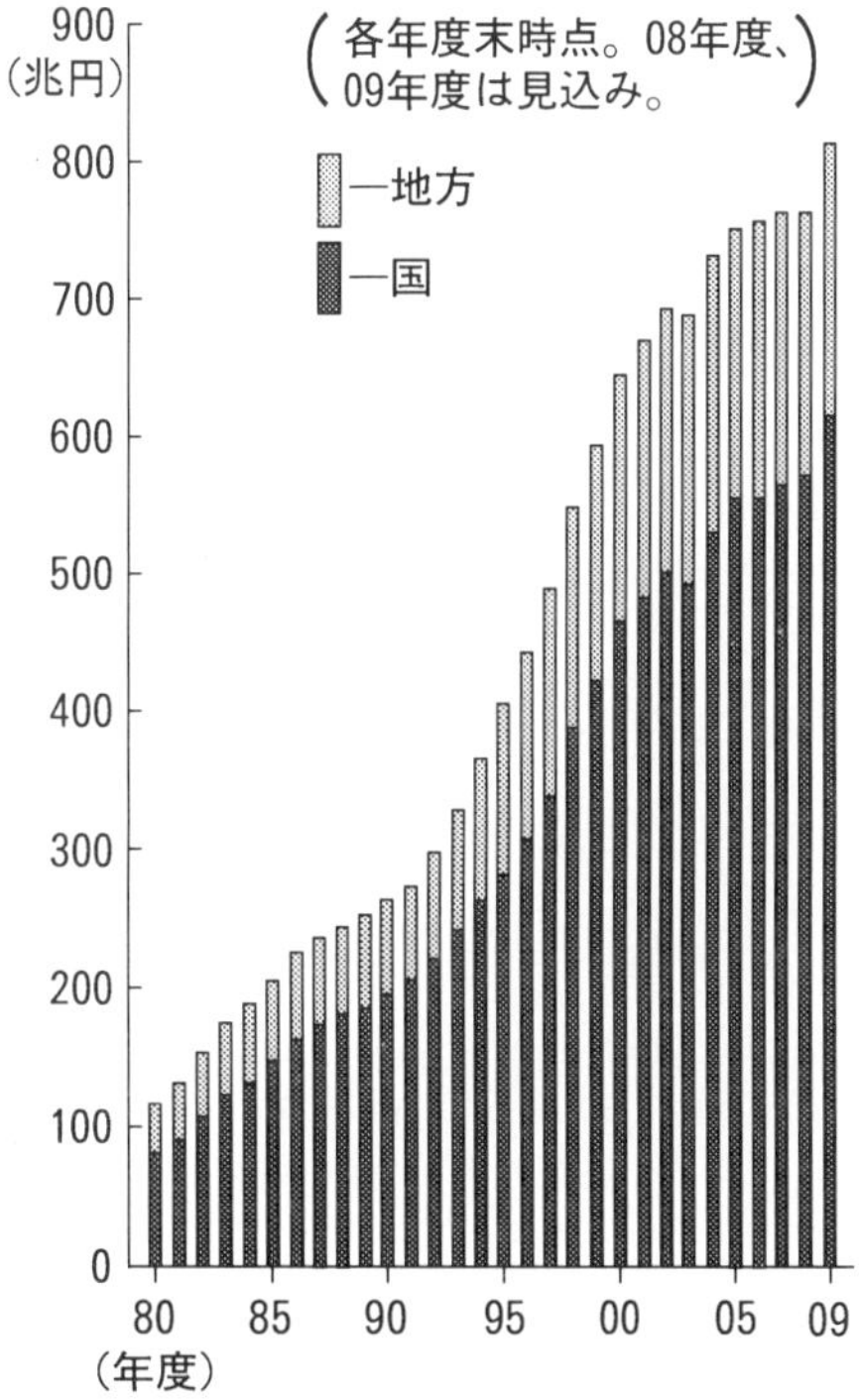

※「朝日新聞」2009・８・13号

（四）

こうした財源問題について、どういう態度をとるべきか。最後に、この点に関連して、いくつかの主要な論（要）点にしぼって、わが国を中心に―各国それぞれに、多かれ少なかれ特殊性がある―簡単に述べておきたい。

① まず明確にすべきことは、累積・財政赤字の基本要因とその責任の所在である。

すでに述べてきたことから明らかなとおり、今次を含め、恐慌・不況の度に相次いで採られてきた、主として独占資本のための「景気対策」―その財源としての巨額な赤字国債の相次ぐ乱発―景気回復後も償還不完全による赤字国債の累積と元利払い（国債費）の膨張―財政赤字の慢性化・長期化―ここに、現代の財政赤字の基本的で主要な要因がある。したがって、主たる責任の所在も、独占資本とその歴代政府の側にある、ということである。

「景気対策」の中味を個々に具体的にみれば、勤労国民に関わりの深いものも、部分的には含まれている。それが、とりわけ目立つのは、得票目当ての選挙用「マニフェスト」における、いわゆる〝バラマキ〟政策である。だが、われわれにとって、先ず何よりも肝要なのは、「景気対策」の総体としての基本的性格と目的である。一言でいえば、「景気対策」の階級性（事柄の本質）の認識である。

② したがって、赤字解消・財源確保は、本来は、独占資本の「自己責任」と負担で為さるべきことであるが、しかし現代国家は事実上の総資本（独占資本）であるから、逆に他者に負担を転嫁する。すなわち、個別資本（企業）が最大限の利潤（搾取）追求を本質とするのと同様に、総資本（国家）は、原則として勤労国民に負担と犠牲を最大限に転嫁しようとする。具体的にいえば、一方における大衆増税の強化と、他方における財政「合理化」すなわち福

祉・生活・教育関連の経費「節減」等が、それである。

この中で、大衆増税の強化に関していえば、やはり何といっても、消費税の増税・税率アップが当面最大の焦点である。政府・独占資本にとって、主として勤労国民の負担と犠牲において、すぐにも数兆円の税収の確保が可能な財源だからである。

現行消費税は、周知のとおり、所得逆進的な不公平税制であり、したがって反民主主義的な違憲の税制である。また、現行消費税は、その課税分だけ、全国一律に、勤労国民の賃金・所得を事実上切下げるに等しい作用をもつことも言うまでもない。

したがって、われわれが、護憲ならびに勤労国民の生活権擁護という基本的立場を一貫させようとする限り、消費税増税にたいして、原則として無条件反対以外の態度はありえない。逆にいえば、条件付き賛成ないし容認などありえない、ということである。後でみるとおり、一連の不公平税制の是正で、財源は十分確保できることを考慮すれば、なおさらである。

逆に、われわれは、消費税率の引下げ、ひいては現行消費税の廃止を求めなければならない。また、消費課税を求めるとすれば、特定の奢侈的な物品・サービスに課税対象を限定した特定物品税の復活を要求すべきであろう。この種の消費課税なら、所得累進的で、したがって、税制の公平化にも資するからである。

(五)

③　今次総選挙の投票日間近の「朝日新聞」社説（二〇〇九・八・二七）は、「増税論議をすみやかに」と題して、

早々と、消費税の増税を新政権にけしかけている。

「『国のかたち』を決める大事な論戦が低調なまま、総選挙の投票日がやってこようとしている。消費税の増税問題である。

自民党も民主党も、高齢社会のなかで今後膨らみ続ける社会保障財源として、消費税率引上げが必要になることは認めている。ならばその見取り図を有権者に示すことが政権を争う政党としての責任のはずだ。

近年の自民党政権は『歳出の無駄削減が先』という大義の陰で、消費税増税の試練から逃げてきた。

民主党の鳩山代表は『四年間は消費税は上げない』と公約したが、それも逃げ口上のように響く。

もちろん、実際に増税するのは世界経済危機の克服後でなければならない。だが、どのくらいの規模の増税が必要か。消費税は複数税率にするのか。といった議論も早い段階から積み重ねておく必要がある。

増税論議の中心となるのは、やはり税率五%と主要国のなかで際だって低い水準の消費税だろう。税収が景気にあまり左右されずに安定しており、社会保障財源に向いていることもある。

新政権は、歳出の無駄減らしを進めるとともに、税制抜本改革の議論にすみやかに入るべきである」。

④　消費税の増税を「中心」としなければ、財源の確保は、はたして不可能なのだろうか。

昨今、「格差社会」という用語が、一種の流行語とさえなっている。だが、そもそも資本主義という社会は、労資の搾取・被搾取関係を機軸として成り立っている社会であるから、本質的に、そして本来的に、「格差社会」である。新自由主義によって、その「格差」が、昨今、著しく拡大、加速したにすぎない。

問題の税制面からも、「水平的公平」論と称する新自由主義流のインチキ「公平」論―これによれば、消費税も、「公平」課税という―によって、「格差」の拡大が促進された。その代表的な一例が、所得税や住民税の累進課税の大幅な「緩和」である。所得税の地方版ともいうべき住民税（所得割）にいたっては、累進税率は完全に「緩和」されて、一律の比例税率とされてしまった（**表1、2**参照）。

この不公平を含めて、現行税制には、夥しい不公平な税制が存在している。その一連の不公平税制を是正した場合、どの程度の税の増収が可能か―これを試算した信頼すべき資料がある（不公平な税制をただす会、代表・北野弘久・日

表1　所得税の税率の推移

1983年		2009年	
60万円以下の金額	10%	195万円以下の金額	5％
60万円を越える金額	12%	195万円を越える金額	10%
120　〃	14%	330　〃	20%
180　〃	16%	675　〃	23%
240　〃	18%	900　〃	33%
300　〃	21%	1,800　〃	40%
400　〃	24%		
500　〃	27%		
600　〃	30%		
700　〃	34%		
800　〃	38%		
1,000　〃	42%		
1,200　〃	46%		
1,500　〃	50%		
2,000　〃	55%		
3,000　〃	60%		
4,000　〃	65%		
6,000　〃	70%		
8,000　〃	75%		

表2　住民税（所得割）の税率の推移

1984年度		2009年度
⑴道府県（標準税率）		⑴道府県（標準税率）一律4％
150万円以下の金額	2％	
150万円を越える金額	4％	⑵市町村（標準税率）一律6％
⑵市町村（標準税率）		
30万円以下の金額	2％	
30万円を越える金額	3％	
45　〃	4％	
70　〃	5％	
100　〃	6％	
130　〃	7％	
230　〃	8％	
370　〃	9％	
570　〃	10%	
950　〃	11%	
1,000　〃	12%	
2,000　〃	13%	
4,900　〃	14%	

大名誉教授、『福祉とぜいきん』、二〇〇九年、八五、八六頁)。良心的な税理士集団の共同作業による増収試算である。これによれば国税分だけで、約一四兆八千億円(二〇〇九年度)、地方税分で約五兆一千億円、合計で約一九兆九千億円に達している。消費税の増税を、まったく必要としない金額というべきである(拙著『現代租税論の再検討』、増補版、二〇〇〇年、第七章公平課税・税制の基本要件、も参照)。

なお、最後に一言補足しておけば、財源は、勤労国民にとって「不要不急」な経費の側にもたっぷりある。たとえば、防衛費―年間約五兆円、一〇年で五〇兆円、国債費(元利払)―年間約二〇兆円、「公共」事業費―八ッ場ダムに象徴される大型公共事業を中心に、年間で約九兆円、等々である。

これら経費支出のなかで、勤労国民の立場からみて、何が「不要不急」で、どれだけ「節減」するか、その判定基準は、税制についてと同様に、護憲、生活・労働権の擁護、環境保全、そして財政民主主義でなければならないことは言うまでもない。

(初出・「社会主義」、二〇〇九年十一月号)

Ⅲの〈付〉〝機械が仕事を次々奪う〟―「ラッダイト」的機械観の蒸し返し―

（一）

囲碁、将棋に、さして興味のない人には、見逃されたかもしれないが、将棋の現役プロ棋士が、コンピューターソフトに、公式の場で、史上初めて敗れたというニュースは、〝IT革命〟の凄まじさを改めて象徴する〝事件〟であった。将棋の現役プロ棋士五人と五つのソフトが、団体戦形式で戦われ（二〇一三年三月三〇日〜四月二〇日）、その第2局でプロ四段が始めてソフトに敗北し、最終第5局では、A級棋士の八段も完敗し、結局、ソフト側の3勝1敗1分けとなった。

知的スポーツの三大種目といわれる囲碁、将棋、チェスのうち、チェスはすでに一九九七年に当時の世界王者がソフトに敗れ、残るは囲碁のみといったところだが、この方のソフトの実力も、すでにアマ最強の六段レベルに達しているという（石田芳夫九段・談）。

（二）

だが問題は、ここから後の話である。

史上初の敗北を論評した記事（「朝日新聞」、二〇一三・四・一六）のなかで、話を社会・経済一般にまで敷衍《ふえん》して、『機械との競争』の見解を肯定的に紹介しつつ、次のように結んでいるからである。

「機械に敗れ傷つくのは、知らず知らず『近代のわな』にはまっていたということか。つい陰鬱《いんうつ》になってしまう理由は、経済的な観点からも見えてくる。ブリニョルフソンらによる話題の書『機械との競争』は、世界的に失業者があふれる傾向なのは『人間が機械との競争に負けているから』と分析する。機械が仕事を次々に奪う。残るのは、画期的なアイデアを出す経営者や作曲家ら創造的な仕事か、接客業など一部の肉体的労働だと同書は冷酷に指摘する。新聞記者も例外ではなく、データ中心の定型記事は既に機械による記事化がかなりのレベルにあるという。

さてこの記事は？」。

（三）

この記事の機械観は、事実上、「ラッダイト」的機械観の反動的な蒸し返しである。ここで〝反動的〟というのは、「ラッダイト」が「機械が仕事を次々奪う」と怒って、機械を大量破壊したのは、今から二世紀も前、道具に替わって機械なるものが史上初めて登場した時代の話だからである。

だから、マルクスは『資本論』で、こう述べている。

「一九世紀の初めの一五年間にイギリスの工業地方で行われた機械の大量破壊は、機械破壊者（ラッダイト）運動の名のもとに、反ジャコバン派政府に、極度に反動的な弾圧手段をとる口実を与えた。労働者が機械装置を、その資本主義的使用から区別し、したがって、彼の攻撃を物的生産手段そのものから、その社会的搾取形態に転ずることを知るまでには、時間と経験とが必要だったのである」(岩波文庫、㈢、四一七頁)。

機械は、個別的にか、あるいは全社会的にか、財貨・サービスの生産に必要な総労働時間を、たとえば半減し、その分、自由に活用できる余裕な時間を拡大する。必然的に「仕事を奪う」わけではない。「仕事を奪う」「失業者があふれる」のは、機械の資本主義的使用(搾取の手段として)が、各人の労働時間を半減するかわりに、人間そのものを半減する(首切り)からである。

「それ自体として見られた(社会主義的に使用されれば、と読みかえてもよい)機械装置は、労働時間を短縮するが、資本主義的に使用されれば、労働日を延長し、それ自体としては労働を軽減するが、資本主義的に使用されれば、労働の強度を高め、それ自体としては自然力にたいする人間の勝利であるが、資本主義的に使用されれば、自然力によって人間を圧服し、それ自体としては生産者の富を増すが、資本主義的に使用されれば生産者を貧民化する」(同上、四三八頁)。

(四)

上掲の評論記事の記者および上司たちは、おそらく、『資本論』を読んだこともないのは疎《おろ》か、触ったこともなく、大学を卒業し、入社したに違いない。

小生が学生時代を送った一九五〇年代後半の九大経済学部では、経済学原論の担当教授が向坂逸郎先生で、講義もゼミも『資本論』であった。近代経済学(広義のブルジョア経済学)の原論担当の二人以外は、労農派系か、講座派系か、その他かは別として、各種専門科目の担当者は、すべて『資本論』を多かれ少なかれ理論的ベースとする学者であった。其の後も経済学原論は、ほとんどの総合大学で、マル経と近経の二本立て（どちらか選択）であったが、一九七〇年代の後半頃から、雲行きが怪しくなり始め、今日では、多くの大学で、同じ近経のマクロ経済学とミクロ経済学の二本立てと成り果てている。社会・労働運動全体の高揚・衰退・低迷と驚くほど符合している。なお、東大のマル経・経済学原論は、早くから宇野弘蔵「原理論」（『経済原論』）で、『資本論』は、そのための参考文献の一つとしての位置しか占めていない。

〝最高学府〟たる大学の、こうした現状を考えれば、先の記者たちが、事実上、「ラッダイト」的な発想に落ち入るのも無理はない話ではある。機械と人間を直接対置して、その使用形態すなわち資本主義的使用か社会主義的使用かを無視する発想は、現代資本主義下の支配的発想でもある。『資本論』、ならびに『資本論』を基軸とする科学的な社会・歴史観（理論）の学習、研究、普及は、種々な形の、種々な流儀の〝寺子屋〟式でしか、当分の間は不可能なようにも思える。マルクス経済学すなわち『資本論』が、大学の講座において、経済学原論としての従来の地位を復活するには、多少時間が掛かるであろう。

しかし、それでも何ら悲観するには及ばない。『資本論』の理論と方法の基本的正しさは、現代資本主義（国家独占資本主義）の矛盾の噴出によって、ますます具体的に実証されているからである。また、正しい理論は、社会・歴史科学、自然科学を問わず、必ず最後に勝利することを、これまでの歴史が幾度となく証明しているからである。

（初出・「旬刊・社会通信」、一一四五号）

IV

Ⅳの一　ソ連・東欧問題をどうみるか――「崩壊」前夜――

（一）

今日のテーマは「ソ連・東欧問題をどうみるか」である。私の個人的な考え方については、『社会主義』一九八九年二月号ほかの一連の拙稿（※本書第Ⅳ部の次章以下に収録）を参照していただきたい。今日はそれらの内容を踏まえながら、「市場経済への移行」問題を中心に話をさせていただきたい。

その前に、次の二点をかい摘んでふれておきたい。

第一に、一九八九年秋以降のソ連・東欧の激動といわれた情勢を通じて社会主義側が大幅な後退・敗北を余儀なくされたという事実である。逆に言えば、帝国主義側の巻き返しが成功したということでもある。社会主義の世界体制の崩壊と、帝国主義による専一的な支配体制の新しい形での復活である。これまで世界の歴史はロシア革命、第二次大戦後の一連の革命を通じて、資本主義から社会主義へと歴史が発展し、五〇歩一〇〇歩と着実に前進してきたわけだが、この激動を通じていわば一〇〇歩前進二〇〇歩後退というか、そういう事態を迎えている。

この意味で現在の時期は、これまでに経験したことのない世界史的な反動期にあり、そういう時期に我々が立っているととらえる必要がある。というのも、社会主義体制の中心国の後退・敗北は、長い世界の歴史の流れの中でみれば一時的であるとはいえ、歴史の歯車が逆戻りしたことを意味するからだ。しかし、社会主義の大幅な後退・敗北は、マルクス・レーニン主義あるいは科学的社会主義そのものの誤りではなく、それからの重大な逸脱の結果だし、また資本主義の発展あるいは帝国主義の発展が作り出す矛盾は、必ず新しく社会主義を実現する諸条件を必然的に生み出していく。したがっていずれ将来、社会主義の世界体制が生まれるのも必然だが、しかし社会主義の世界体制の実現は、いわば振り出しに戻ったかたちでスタートをやり直すことになったといえる。

歴史を推し進める運動には前進のみというのはありえない。ブルジョア革命も、多くの場合、何回か反革命をくぐりぬけて最終的に勝利している。資本主義下の党や労働組合の運動でも、前進のしっぱなしということはなくて、たいていの場合後退を繰り返すなかで前進する。社会主義体制の発展・前進もそうだ。これが運動(階級闘争)の一般法則である。一般に、社会や歴史の法則とは必然的な傾向性ということであって、ジグザグや一時的逆戻りを多かれ少なかれ内包している。この意味で、「社会構成体の逆戻りが起きうるという観点は、唯物史観の公式にはなかった」(『社会主義』一九九二年六月増刊号、八八頁)というのは、唯物史観にかんする非弁証法的で、機械的、形式的な把え方だと思う。

第二に、これまで経験したことのない社会主義の後退・敗北の原因は何だったのか。その最大の教訓は、ある意味では、きわめて卑近なところにある、われわれの足下にあると考える。それを一言でいえば、民主主義と官僚主義の問題である。

民主主義が一定程度健全に息づいているかぎり、社会主義が倒れることはない。やはり民主主義の問題が今回の社会主義の後退の大きな原因であったように思われる。民主主義の形骸化、逆に言えば官僚主義がはびこっていく。我々の労働組合、党でも、そこから民主主義がなくなり、官僚主義が支配するようになると、組織は事実上死んでしまう。「連合」がその例であろう。社会主義体制をリードする党に官僚主義がはびこり、民主主義がなくなると、社会主義の経済がうまく回転していくわけはないし、政治が生き生きと伸びていくこともない、それから理論そのものも死んでしまう。理論を含め、すべて有機的に連動している（※理論・思想面の変質、後退については、次章以下ならびに「あとがき」参照）。そういう官僚主義も一定の限度内なら、あるいは限度内にとどまっているうちに舵を切り直すことができれば、体制が倒れるまでには至らない。だけど官僚主義も限度を超えると、官僚主義の一定の量的蓄積が質的に転化し、後ろ向きの飛躍になる。これも、発展（正確には、後ろ向きの発展すなわち後退）の弁証法である。そうした矛盾が限度を越えると社会主義が成立して数十年たってすら、あるいは数百年たってすら社会主義が倒れて資本主義に逆戻りし得るという教訓であり、一番重要なポイントであると思う。

官僚主義の質的飛躍の転機は、おおまかにいって、ブレジネフ時代の後半あたり、彼の書記長就任の一九六六年から、八六年のゴルバチョフの書記長就任までの中間、ちょうど七〇年代半ばが質的転換点をなしているように思える。それまで累積してきた矛盾がそのころから質的に飛躍するような問題の時期に入ってきたような気がする。七〇年代半ばまでは、矛盾・弱点があっても社会主義の体制的優位性を、経済的にも平和闘争においても現実に示していた。それ以前の時期の紆余曲折や前進後退は別として、近年に限っていえばブレジネフ時代（一九六六～八六年）の中期頃までは前進、発展の時期であった。ところが七〇年代半ばをピークに後退し、今度の激動期になる。七〇年代半ばは、七五年ベトナム戦争勝利＝社会主義の勝利、帝国主義のＩＭＦ・ＧＡＴＴ体制の崩壊に象徴されるように非常に重大な転機だった。同時にこの時期に、いわゆる協会規制、七四春闘の高揚、参院選による保革伯仲の実現など、戦後の社会党・総評運動のピークを象徴する出来事が相次いだ。こうして七〇年代半ばは、国際的にも国内的にも、戦後の大筋において前進していた社会主義の勢力が巻き返されるピークであり、転機をなしているように思える。

「官僚主義」というのは民主主義を否定するというか、骨抜きにするというか、いわゆる「大衆路線」の反対だ。

だから、たとえば経済的に色々失敗があっても、本当の意味で民主集中的な指導体制が基本的に生きていれば、つまり大衆の創意や意見をかなりの程度汲み上げて、中央の方針と付き合わせて、それで一定の方針を決定して実行した、そういう事が大体言えるような党の指導の下での社会主義建設であれば、そうすれば大衆があそこまで共産党を排除する事にはならないと思う。指導部と中間指導部と末端の人間とが一体となってとにかく議論して、そして大体一致して、それでやってきたという結果であれば、そういう実感が持てれば、「我々が皆で議論して決定してやった結果じゃないか。それで間違ったんだったら、我々が全体として反省して、それを生かしてやり直そうじゃないか」という雰囲気が大衆の中からもっと強く出てきて然るべきであろう。

けれどもソ連・東欧の一般大衆の反発にはほとんどそういうものがないですね。内外の反革命勢力による強烈で巧妙な思想攻撃の影響を別とすれば（この問題もきわめて重要だが）、社会主義的民主主義という最高の民主主義が存在する条件を持っている筈の社会主義社会でありながら、民主主義がものすごく形骸化していたということ、逆にいえば官僚主義の跳梁があったというほかない。

社会主義は、やはり正しい意味での「党の指導」で本当に進んでいくのだ。「党の指導」というのは民主主義である。民主々義を通じての指導だ。市場経済なんていうのは、価格が上がったり下がったり恐慌があったりして経済を事後的に調整していくが、社会主義経済というのは基本的に計画的な「指導」によって動くんです。その中心は特に「党」である。問題は、その指導すべき党が、あれほどまで大衆から嫌われるというのは、党内の民主主義がただの状態ではなかったことを示している。総括すべき問題はいろいろあるが、民主主義の形骸化、官僚主義化は非常に大きな問題、私はもっとも中心的な問題の一つだと考えている。

（二）

ついで本題の「市場経済への移行」問題に入ろう。いま社会主義はどう危機を乗り超え、再生しうるのかという課題に直面している。社会主義の優位性を具体的事実によって示すのは、経済の再生が土台となると言ってよいと思う。下部構造の安定が、正しい意味での社会主義の再生につながる。その経済再生の基本路線として、ソ連・東欧に共通しているのが「市場経済への移行」である。

この問題にかんして、いろんな議論がなされているが、しかし共通しているのは、急進改革派・穏健改革派それに保守派の大半とも、ソ連経済の社会主義的再生の基本路線として市場経済への移行を進めるという点では一致していることだ。そこで、問題のこれまであまり聞き慣れない社会主義の経済建設・経済発展の方針としての市場経済への移行、この中身はいったいどういうことか。結論からいえば私自身は、現在のところ非常に重大な疑念をもっている。

経過は省略して、「最終統一案」としての「市場経済移行に関する基本方針」を取り上げる。まず内容上の問題点として「最終統一案」では、「市場経済への移行は、社会主義の再生の方針だ」と言っている訳だ。ところが非常に奇妙なのは、「社会主義の再生のため」と言っているにもかかわらず、我々がもともと考えてきた「社会主義経済の基本的骨格」あるいは「一般原則」、この肝心なことの再確認についての内容がないということ。それは一体何かと言うと、「主要生産手段を国有化し、その土台の上に計画経済を実現する」という事だ。これをそれぞれの国のその時の条件にあわせて、どう具体化するか、これが社会主義経済の政策だと考えるべきだと思う。ところが、この点が欠落したまま、「社会主義経済の再生」が語られている。これが非常に重大な疑問だ。

もう少し具体的に中身を申し上げてみれば、まず、「生産手段の所有」の問題である。これについて、方針では、よく言われる「所有形態の多様化」がしきりに強調されている。だから国有があり、私有があり、集団所有その他があるわけだが、結局「多様化」の中で「所有の非国有化」、従って株式会社化を含む私有化が非常に強調されている。国有の方はせいぜい私有と平等の扱いをするという事が言われているだけだ。たいていの場合は、国有という所有形態は市場経済の移行の方針の中では従属的な低い地位に位置づけられている。たとえば、ゴルバチョフ等が作ったソ連の新憲法をみると、この点は非常にはっきりしている。今までも、国有を中心としつつ色々な中間的な所有形態、たとえば協同組合所有とか部分的な私有を認めるという事で、「所有形態の多様化」はやられてきた。国有だけでやってきた訳ではない。ただ、これまでは社会主義的な国有が所有形態の中心であるとうたわれ、実際にもそうだった。ところが、今では言わば逆の「非国有」「私有化」が中心として強調されている。そして肝心の社会主義経済の基本と考えるべき「主要生産手段の国有化」が語られていない。本来は、社会主義が資本主義的搾取を一掃して、搾取のない条件を土台にした経済であるということであれば、生産手段の国有化、国有企業というのはやはり基本である。これは社会主義が社会主義であるためにはどうしても堅持しなくてはならない基本的条件である。ただそれを中心としながらも、現時点の生産力の水準や国民意識にあわせて、社会主義の着実で現実的な発展をはかるために、所有についてももう少し幅や弾力性を過渡的にあるいは部分的に持つようにする、そういう提起なら分かるのだが、そうなっていない。

もう一つの「骨格」と我々が考えている「計画経済」だが、社会主義計画経済というのは、たとえば価格についても、基本的には、全社会的に国家が中心となって何らかの形で管理、規制することが中心である事を意味している。ところが、「統一案」では、価格については、いっぺんにか段階を踏んでかは別として、原則として自由化するという事がずっとベースになっている。価格を自由にするという事は、商品の価格を日本のように市場の需給関係に委ねるという事だ。今まで国家や地方公共団体が色々行ってきた価格管理を原則として撤廃し、市場の需給関係に委ねる。原則として価格を自由化する。そういう方針が強調されている。

このように、社会主義経済再生のための基本路線、それが「市場経済移行」として提起されているが、これは決して社会主義と矛盾するものではなくて、むしろ社会主義を本当に前進させるための手段であると言われている。にもかかわらず、従来から我々やソ連の人達が考えてきた社会主義経済の基本的骨格あるいは一般原則、すなわち「主要生産手段の国有化、これを中心にした計画経済」、これがどこにも確認されていない。これが非常に重大な疑念を持つ理由である。社会主義が、社会主義の優位性を守って搾取を一掃した経済発展を行なうためには、この基本的要件を堅持しなければならない。この上で、これまでの欠陥や失敗を反省し、どうやったら官僚主義によって衰弱した国営企業と計画経済の民主化と効率化を実現できるか、このように課題が設定されなければならないと考える。

(三)

「統一案」によれば、「世界の経験はすべて市場経済の活力と効率性を証明している」とある。同じく「市場移行は、社会主義的選択と矛盾しない」「市場経済に基づく経済システムへの移行によって、我々の経済を世界経済に有機的に統合し、世界文明の達成物へのわが市民の利用の道を開く」とも述べている。「世界経済」とはどこの経済なのか。「世界文明の達成物」というのは市場経済の事を指している。ここにも考え方がよく出ていよう。また「市場経済が効率よく機能するためには、移行期間に次のような基本的条件をつくりださねばならない」として、「経済活動の最大限の自由」を保証するとしている。続いて「経済の基礎は自由な商品生産者である」とも書かれている。これは、あたかも『資本論』が資本主義の仕組の基本を説明しているのと同じような表現だ。

私は、市場経済（商品・貨幣関係）を社会主義においても一〇〇%否定する必要はないと思っているが（マルクス、エンゲルス、レーニンもそうだ）、市場経済についてのこのような見方や評価、これは重大な問題があると思っている。残念ながら、市場経済に対する歯止めのないぐらいの礼讃、逆に言えば市場経済に対する驚くまでの無理解がここで示されている、というのが私自身の率直な感想である。

ここの中で「市場経済」について、「世界の経済は全て市場経済の活力と効率性を証明している」と非常に高く評価しているが、要するに、日本を初めとする資本主義の市場経済の事を指している訳だ。だから日本に対して非常に評価が高い。猫も杓子も〝日本に学べ〟と言っている感じである。資本主義的市場経済の本当の姿や問題点を一体ソ連の人達は知っているのかなと言いたくなる。日本では、資本主義的市場経済のきびしい合理化によって、ブルジョアだけが豊かになって、労働者、勤労者、一般大衆は、物質的にも精神的にも非常にきびしい非人間的な生活と労働をよぎなくされているという実態、資本主義の本当の姿を知っているのだろうか。一握りの独占による搾取の〝自由〟が保障され、支配している社会、これが「市場経済」を体制的本質とする資本主義だ。

ＤＤＲが消滅する前の段階で、西ドイツとの統一条約を結んで、統一した経済体制として「社会的市場経済」で合意した。ついでに言えば、西ドイツでは従来から、自国の経済体制（国家独占資本主義）を指して「社会的市場経済」と呼んでいた。ソ連でも、この「社会的市場経済」とほとんど同じ内容で、「調整された市場経済」という表現が使われている。新しい統一ドイツの基礎としてＤＤＲが打ち出した、その「社会的市場経済」への移行によって、現実にどういう結果が生まれたのか。資本主義に完全に呑み込まれ、社会主義体制の全部が否定されてしまった。法律的にもそうだ。東ドイツにとって、市場経済体制に移行するという事は、社会主義の基本を全部捨てて資本主義に編入される事であるということを現実が示している。こういう事実があるにもかかわらず、「市場経済」に対して甘く楽観的な評価がされているのだ。きわめて不可解である。

「ソ連の経済を市場経済移行を通して世界経済に有機的に統合する」とあるが、世界経済と言っても色々ある。ひょっとすると帝国主義の世界経済に「有機的に統合する」のでは、と疑いたくなるし、実際にそう言わざるをえない動きがある。

市場経済についても「世界文明の達成物」とも書いている。だとするなら、市場経済というのは、資本主義も社会主義もない事になる。それらを超えた、世界的に文明が作り出した共通財産だ、という見解が非常に強い。果してそんなものなのかどうか。どうも、これでは市場経済に対する無条件に近い礼讃と言わざるをえない。

とりわけ先程紹介したように、「社会主義再生」のための「市場経済移行の基本的条件」として、「経済の基礎は自由な商品生産者である」という大変な表現がある。もし皆さん方が〝社会主義経済を社会主義として再生させるため（資本主義復活のため、とは書かれていない）の基本条件は自由な商品生産者である〟というレポートを書いたり話されたりすればどうなるかを想像して頂ければお分かりだろうと思うが、ソ連の今の理論的な混乱や停滞というのはさしあたりちょっと重症のように思われる。

(四)

そういうソ連指導部のの現在の基本的な考え方を念頭において私なりの考え方をもう一度整理してみれば、「市場経済」というのは、本来的には資本主義という経済体制に歴史的に固有の概念だ。もちろん市場、商品、貨幣というものも部分的にはいつでもある。けれども、本来は「市場経済」なるものは、資本主義という経済体制に歴史的に固有の独特のものである。「市場経済」の条件というのは、「主要な生産手段が私有であって、その条件の下で社会的分業が行われる」ということだ。主要生産手段の私有と社会的分業、これが商品生産の一般的条件とも言われるものである。そういう時に、労働生産物は商品になり、貨幣を媒介にした価格の変動を通じて社会的総労働が配分される。盲目的な価値法則を通じて事後的に社会の総労働が配分される。これは、『資本論』にずうっと書かれている理論である。そういうものが「市場経済」なのだ。市場というのはただ物を売る場所があちこちにたくさんできるというようなものではない。それは、単なる「いちば」である。「いちば」があるという事と「市場経済」とは別だ。「市場経済」というのは生産関係だから、社会の基本的な経済的仕組みの問題である。従って、それは、計画的に社会の総労働を計量し配分するという、つまり計画経済とは違って、市場の需給関係による価格変動に労働の配分を委ねるという事だ。それが本来の「市場経済」の概念、内容である。その「市場経済」が最も発展した姿が資本主義的市場経済である。単なる労働生産物だけでなく、労働力までもが商品となって労働市場ができ、労働力が売買される。また、それによって商品生産や「市場経済」は全面的に開花する。そして社会の体制を一般的に特徴付ける性質（生産関係）となる。それが資本主義である。それ以外にある「市場経済」というのは、例えば、封建社会の中にあっても、それは、原則として部分的で従属的なものとして存在するにすぎない。封建社会を基本的に特徴づける一般的性質ではない。原始共同社会でも、共同体と共同体との間に市場ができて商品が部分的に存在するけれども、これも例外的、従属的である。

このように「市場経済」は、基本的には社会主義でもなく封建社会でもなく、資本主義の経済体制を歴史的に特徴づける概念あるいは生産関係と考えなくてはならない。「計画と市場はけっして二律背反ではない」（『社会主義』一九九二年六月増刊号、九二頁）という見解もあるが、これは正しくないと思う。本質的に、一方は全社会的な計画性、他方は全社会的なアナーキー（無政府性）だからである。社会主義にとっての「市場経済」は、現実生活上必要ないわば妥協の問題だ。経済的にはほとんどの場合、資本主義から社会主義へ一挙には進めないから、本来二律背反的な「市場経済」を多かれ少なかれ過渡的に利用せざるをえない。ここに社会主義建設の困難性とむずかしさがあると理解すべきであろう。

だから、社会主義にとって「市場経済」が議論になるとすれば、社会主義はあくまでも主な生産手段が国有であり、全面的な計画経済を基本とする訳で、ただ〝その基本を堅持しつつ、その時その国の生産力水準の現実にあわせて、経済を着実に発展させるために、必要な限り補助的に、過渡的に、従属的に、商品＝貨幣関係や市場経済関係を利用する〟という位置づけでしか本来はありえない。ソ連の社会主義を考えても、日本やアメリカとの貿易関係を多かれ少なかれ抜きには発展できないから、そうすると対外関係を考えただけでも社会主義にとっても市場関係は必要であるし、大いに利用すればいい。しかし、「市場経済」が社会主義経済の中心に座るような考え方や位置付けになってくると、これは重大な問題（逸脱）と言わざるをえない。方針の中には「市場経済」は、社会主義にとって従属的、過渡的、補助的な方策であるという考え方はまるきりない。むしろ逆に「市場経済」が社会主義の中心であるかのような位置づけになっている。これでは、本末転倒というほかない。

ペレストロイカ（建て直し、改革）と言われるものが打ち出される必要性はあったと思う。党の官僚主義的な変質が生み出した矛盾が、ソ連や社会主義を非常な混乱に陥れた。ところがそれを立て直すために現れたペレストロイカは必要であったとしても、その中身において、ある意味では逆の逸脱があった。社会民主主義的な逸脱である。社会主義の本来の立場に戻って立て直すのではなく、右旋回である。そこにやはりペレストロイカが成功しない、基本的な原因があったといってよいだろう。たとえば市場経済についても、部分的、過渡的にそれを建設の過程で利用するのならば、多かれ少なかれそれは当然で必要である。けれども社会主義を建設する上での市場経済というのだったら、やはり社会主義の基本的枠組みを堅持して、それをきちんと確認して、その上に立って市場経済をどこにどう入れるか。あるいはこれまでの官僚主義的な歪みを、どうやって民主化するか。労働生産性と経済的効率をどう高めるか。どうやったらできるのか、できないのか。だが市場経済移行論は、そのような発想になっていない。事実上、社民的、ブルジョワ的な混合経済論（実質は国家独占資本主義の別名）に陥っているといわざるをえない。

新思考にしても、同様である（詳しくは、次のⅣの二参照）。それによって平和共存に関する従来の規定を削除した。平和共存というものは、一言で言えば国際的規模における階級闘争の特殊な形態である。ゴルバチョフが書記長になってからの綱領改正でそこを削除している。そこには現代が体制間の対立を基本にするという認識、それから現代資本主義は基本的にはやはり帝国主義だという考え方がほとんどない。そのような意味では、党内学習や国民教育のあり方の問題とあわせて、科学的社会主義の基本や原則を不断に研究し検証する努力を怠らないこと——これも今度の社会主義の「崩壊」が後世に残した非常に大きな教訓だと思っている。

（初出・社会主義協会・大阪支局『大阪労働通信』、別冊、一九九一年一月一日号、講演要旨）

Ⅳの二　平和共存政策と「新思考」

（一）

もし本格的な核戦争が起ったならば、勝者も敗者もなく全人類が死滅するに違いない時代を迎えて、社会主義国の外交・対外政策の基本原則をなしてきた平和共存政策の意義と重要性が、ますます大きなものとなっていることはいうまでもない。

平和共存政策は、米ソ間における中距離ミサイル全廃条約の締結にもみられるとおり、一定の前進と成果を実らせてはいるが、わが国を中心にみた場合、平和共存政策の進展や反戦平和への国際的動向にむしろ逆行する動きが、近年ますます強まっているといってよい。とりわけ中曽根・竹下内閣下の「行革」推進のもとで際立っている。軍事費のGNP一％枠突破と歯止めなき軍拡への突進、軍事基地機能の著しい拡大・強化、「非核三原則」の完全な空洞化などに具体的に示されているとおりである。平和共存政策の一環という観点からしても、わが国労働者階級の反戦平和のためのたたかいの強化が、ますます急務となっているといわなければならない。

ところで、読者も多かれ少なかれ承知のとおり、いわゆるペレストロイカのなかで、平和共存政策の論拠に関しても新たな見直しと検討がなされている。主としてソ連国内政策上の問題とちがって、平和共存政策をめぐる諸問題は、わが国の労働者階級のたたかいのあり方や行方との関連がより深く、直接間接与える影響も小さくない。

そこで以下、不十分ながら著者が現在把握している限りではあるが、平和共存政策のいっそうの進展と同士的な理論的国際交流（※一九七〇、八〇年代、社会主義協会は、ソ連邦マルクス・レーニン主義研究所と定期的交流を行っていた）の強化の立場から、討論への誌上参加のつもりで、簡潔に私見を述べておきたい。

（二）

理論上のペレストロイカとしての「新しい政治的思考」（ノーボエ・ムィシュレーニエ、新思想、思考、発想の転換、新しい価値観など種種に邦訳されている）にみられる第一の論点は、核時代における戦争の性格規定に関してである。これまで戦争に対する根本的態度とされてきた――そしてわれわれもそう考えてきた――「戦争は暴力という手段による政治の継続（延長）である」という規定が否定ないし見直されようとしているように思われるからである。

「核時代と科学技術革命の現実は対外政策課題の解決への新しい思考と新しいアプローチを求めている。とりわけ重要なのは、戦争と政治の相互関係といった根本問題で、正しくない考えから解放されることである。ここではわれわれの政治思想は何十年にもわたって戦争と軍縮の問題解決の正しい道の発見を妨げる立場をとってきた」（ダシチェフ「ソ連対外政策の優先事項」、『人文新聞』一九八八年二〇号、佐藤利郎訳）。

「世界の情勢は一変してしまったのである。国際政治の分野では『力』の論理、『力』にモノを言わせる行動のしかたが何百年、何千年も支配してきた。『力』を最優先とした規範は磐石ないしずえとなって国際政治を支えてきたかのような感じすらある。しかし今ではすっかりその基盤が崩れ去ってしまった。『戦争は、別の手段による政治の継続だ』というクラウゼヴィッツの見解は、当時はもてはやされていたのだろうが、今となっては前世紀の遺物以外のなにものでもない。博物館行きのしろものである。」(M・ゴルバチョフ『ペレストロイカ』講談社、一九八七年、二〇二頁)。

「国際関係での『新思想』を産み出す原動力となったのは核戦争の脅威であった。ゴルバチョフの第二十七回党大会、モスクワ・フォーラムでの演説、ドブルィニン、ボーヴィンなどの論文などから窺われる安全保障に対する新しい考え方は…核時代においては『戦争は暴力という手段による政治の延長である』というクラウゼヴィッツの命題は適用されえない(ということである)」(「文芸春秋」一九八七年八月号、二三二頁、長谷川論文)。

「戦争は別の手段(暴力)による政治の継続である」(クラウゼヴィッツ『戦争論』、岩波文庫、上巻五八、下巻三一六頁)という規定は、マルクス・エンゲルス、レーニンも、ことにレーニンが、第一次大戦に際しての第二インター主流(右派)による「祖国擁護」戦争論への批判において、史的唯物論でその内容を補強しつつ、支持し、主張したことは周知のとおりである。

もしペレストロイカにおいて、この規定と「根本的に決裂(否定ないし放棄)」するのが事実とすれば——核戦争か非核戦争かを問わず——、私にはまったく納得しがたいといわざるをえない。なぜなら、この規定をふまえることなしには、いかなる戦争も、その性格(歴史性と階級性)を、したがってまた戦争にたいする態度(支持、反対、中立など)を正しく確定できないからである。また、この規定が「核時代」の今日でも基本的に正しさを失っていないことは、不幸にも今日起っている各地の限定(局地)戦争によっても——そして、絶対に起こさせてはならないが、今なおその可能性ゼロとはいえない核戦争においても——十分証明されていると考える。それらも結局は、独占ブルジョアジーか、それに背後で支えられた反動勢力によって引き起されており、彼らの「政治の別の手段による継続」であることは明白だといってよいからである。また、戦争と政治に関するこのテーゼないし規定を今変更しなければならない理由を、ブレジネフ時代とゴルバチョフ時代のあいだの国際情勢の相違——根本的変化なし——に求めることも到底納得しがたいことである。

もし、この規定を放棄するなら、われわれの戦争論は、レーニンの文句を借れば「俗物的で無知な偏見」(レーニン全集、第二四巻、四五二頁)へ、私流にいえば、床屋談義の戦争〝論〟へつまるところ行き着かざるをえないのではなかろうか。

レーニンが第二インター批判として述べている戦争と政治の相互関係に関する見解は、「核時代」の現代でも基本的にそのまま妥当すると考える。

「マルクス主義者は、この命題(クラウゼヴィッツ)を、それぞれの戦争の意義を見るさいの理論的基礎であるといつも考えてきたが、それは正しかった。マルクスとエンゲルスは、いつも、まさにこの見地からさまざまな戦争を見てきた。

この見解を現在の戦争にあてはめてみたまえ。ここ数十年、……その政府と支配階級が植民地の略奪、他民族の抑圧、労働運動の弾圧の政治をおこなってきたことがわかるであろう。まさしくこのような政治が、ただこのような政治だけが、現在の戦争において継続されているのである。

『大』国とその国内の基本的諸階級との政治が現在の戦争のなかで継続されているとする見地からこの戦争を見さえすれば、この戦争において『祖国擁護』という思想を正当化できるという意見が、どんなにはなはだしく反歴史的で、うそっぱちで、欺瞞的であるかはすぐにわかる」(全集第二一巻、三二一頁。なお、その他同巻、二一五頁、第二四巻四二四〜七頁参照)。

（三）

論点の第二は、階級的利益と全人類的利益の相互関連の問題である。

「核時代における社会進歩のための闘争のまったく新しい課題は、その実現の根本的に新しい道と方法を要求している——これが、対外政策思想の価値観の根本的見直しの端緒を築いたソ連共産党第二七回大会（一九八六年）の結論である。われわれの対外政策活動の中心にもってこられたのは、人類文明を核絶滅から救済することは、あらゆる階級的、イデオロギー的、物質的、個人的その他の利益の上に立つという原則である」（前出、佐藤訳）。

「全人類的なものという問題。マルクス、エンゲルス、レーニンの『新しい読み方』は、何を意味しているか。現在の諸条件のもとでのマルクス主義の創造的発展の特性。社会発展の過程におけるあれこれの階級的利益に対する全人類的価値（利益）の優先に関するマルクス・レーニン主義思想の新たな強調。M・S・ゴルバチョフはこう指摘している。『われわれはこの思想の深遠さと意義深さを今ようやく理解できるようになったのだ。この思想は、われわれの国際関係哲学の源ともなっている』」（前出、要旨）。

「ペレストロイカの人道的要求と人類の生き残りに対する全人類的要求との結合は、それまでの階級的利益優先の原則から全人類的利益優先の原則への転換という、新しい政治的思考と、それに依拠した対外政策的志向の特徴をも決定づけた。

そもそも……人類には、それが階級的に分断されているかどうかにかかわりなく、共通の利益が常に存在したし、今後もそうだろう。たしかに、諸階級——今日ではなによりもまず資本家階級と労働者階級——の利益は対立する。しかし、対立しあうだけだろうか。教条的な人間は恐らく、こうした問題に当惑するだろうが、弁証法的人間ならこう認めるだろう。もちろん、対立しあうだけではない、と。……そうであるなら、一定の相互理解やさらには協同行動のための基盤はある」（ニコラエフ論文、『国際労働運動』一九八八年一一月号、四三〜四頁）。

みられるとおり、「核時代」は、「階級的利益優先の原則から全人類的利益優先の原則へ転換」することが求められていると主張されている。

たしかに、核戦争による人類・文明絶滅の脅威を全世界の勤労大衆に強調して訴える目的で、戦術的にこうした表現を用いるというのであれば必ずしも理解できないわけではない。しかし、これを理論的に一般化し定式化するとすれば、誤りといわざるをえないのではなかろうか。

というのは、階級的利益（観点）と全人類的利益（観点）とは弁証法的な統一関係をもち、したがって一般に、どっちが優先するかしないか、あれかこれか等等といった捉え方は二元論的な誤りにつうじかねないからである。したがってまた、これまでの平和共存政策は、「階級的利益優先の原則」に立ってきたというように一面化して総括する仕方も正しくないと考える。

両体制間の対立を機軸とする時代に生起する戦争のほとんどは、核戦争を含め、基本的には独占ブルジョアジーと反動勢力によって引き起される性格の戦争である。したがって、戦争の阻止、全面軍縮、核廃絶等等は、反帝国主義・反独占の国際的統一戦線を組織し強化するときにのみ、はじめて可能である。いいかえれば、階級的利益（観点）の立場に正しくたつときにのみ、はじめて全人類的利益の実現も真に可能だし、また全人類的利益の実現は階級的利益の立場にたつことなしには不可能である。このように両者は、あれかこれかではなく、まさしく弁証法的な統一関係をなしている。

このことは、国内次元におきかえても同様である。反独占の階級闘争と反独占の統一戦線（後者を国際次元の「全人類的」と対応させれば、「全国民的」といってもよい）とは、一般的かつ基本的には、どっちが優先するかしないか、あれかこれかの関係にはなく、またそう捉えるべきものではないことは自明であろう。なお、「相互理解」や「共同行動」の「基盤」を、労資関係の二元論的解釈（「対立」するだけでなく、利益が「共通」する面もある）に求めていると思われる点にも疑問がある。

（四）

論点の第三は、平和共存政策は階級闘争の一形態（ないしその延長）という規定についてである。

ペレストロイカのなかで、この従来からの規定（ないし表現）を見直す（ないし放棄する）見解が有力になりつつある。これまで論点一、二のなかで紹介してきた流れからすれば、これもそれなりに論理一貫した帰結であるように思われる。

「大量殺戮《さつりく》兵器が出現し、人類が絶滅の危機にさらされるようになったいま、国際社会における階級間の対立が深まれば地球破壊への引き金にもなりかねない。そういうわけで階級闘争をこれ以上激化させてはならないという客観的なブレーキがかかったのである。観念論に根拠を求めなくても現実をよりどころにして人類共通の目的——人類を絶滅から救おうという目的——を見つめることが有史以来はじめて可能になったのだ。

こうしたあたらしい理念にもとづいてわれわれは第二十七回党大会でソビエト共産党の新しい党綱領を採択した。とくにわれわれはこの新綱領のなかで、異なった社会システムを持つ国々の平和共存を『階級闘争の一つの形』として定義できなくなった事実を確認した」（同上、『ペレストロイカ』、二一〇頁）。

しかし、もしこのような見直しが実際に行われるとすれば、われわれとしてはやはり納得しがたいといわざるをえない。というのも、核軍拡を推進し、局地戦争を引き起す側にあるのは、依然として国際帝国主義勢力である事実に変りないからである。したがって、国際紛争の武力による解決の一掃、外国基地の撤去、核廃絶、全面軍縮等等——これらが、いうまでもなく平和共存政策の具体的内容である。——の課題の実現は、依然として、反帝国主義・反独占の国際的統一戦線を組織し、それをいっそう強化することをおいてほかに不可能だからである。この意味で、「核時代」のもとでの、平和共存政策は国際的規模での階級闘争の一形態であるとする規定は正しさを失っていないし、なんら見直しの必要はないと考える。もちろんこの規定が、平和共存政策を推進するうえで、戦術上の柔軟性や弾力性を困難にしたり、排除したりするものでないことは言うまでもない。

「平和共存政策は、こんご社会主義世界体制およびこれに支えられる反帝国主義勢力とが、いっそう強大となるにつれて、ますます確固たる基盤をもって展開さるべき積極的政策である。

平和共存の具体的内容は、異なる社会体制が並存する状態のもとで、異なる社会体制をもつ国が、相互に領土と主権を尊重し、相互に侵略せず、相互に内政干渉せず、平等互恵の立場にたって交流し、紛争事項は、武力によらず、平和的な話し合いで解決しようということである。それは、もともと帝国主義者の侵略政策を阻止せんとするものである。こんにちの段階ではそれだけにとどまらず、帝国主義者が熱核戦争にうったえることを未然にふせぐために、すすんで核兵器の製造・実験・使用・貯蔵を禁止し、全面的な軍縮をかちとることをも意図している。すなわち、帝国主義者の侵略政策、戦争政策をやめさせることが、平和共存のたたかいの具体的内容である。しかも、このような平和共存をかちとるたたかいが、社会主義世界体制の発展を軸として、資本主義諸国における労働運動と民族独立闘争の発展という帝国主義世界体制の力を後退させる力によって支えられてる。平和共存政策の推進は、とりもなおさず国際的な規模での階級闘争の一形態となっている。……

平和共存のたたかいが前進することは、帝国主義諸国における社会主義革命と被抑圧民族の民族独立革命を、帝国主義の武力による圧殺からまもる条件をつくりあげる……。平和共存のたたかいが前進するなかで、諸国人民は世界戦争をさけながら、みずからが当面する革命を達成することができる」（社会主義協会『提言』、三五～六頁。ほかに七九、八六頁も参照）。

以上三つの論点についての筆者の見解は、これまでの国際交流のなかで相互に確認しあってきたものにすぎない。そして、これらはいずれも——ブレジネフ時代の対外政策の評価をも含めて——いまあらためて基本的になんら見直す必要はないというのが私の意見である。情報不足や理解不足による誤解があれば、今後の国際交流のなかで解消したいと思う。

（初出、「社会主義」、一九八九年二月号）

Ⅳの三　「急進・改革派」の社会主義論――いわゆる収斂論批判――

（一）

ソ連・東欧の社会主義国をめぐる昨今の情勢は、予想をこえるほどの困難と危機を伴った激動といってよい。

しかし第一に、この激動は、ブルジョア側が騒ぎたてているように、〝資本主義の勝利、社会主義の敗北〟や〝社会主義の終焉〟を意味するものではない。

社会主義社会は、何よりも歴史発展の合法則性に則って、資本主義の基本的矛盾の弁証法的克服のうえに実現される社会体制である。したがって、一時的にどれほどの激動、危機、後退に直面しようとも、あるいは一、二の国が社会主義から離脱することがあったとしても、それらを新たな糧としてかならずや再生し、より一層の前進と発展の道程を歩みつづけるに違いないからである。社会主義を含め社会の発展とは、生起する矛盾の発展的克服の過程であるかぎり、平坦な道のりであるはずはなく、これからも大なり小なりの激動を幾度となく経ながら前進し続けるであろう。その意味では、さほど右往左往することはない。ただ現在の矛盾は、社会主義の前進の中でよりは、むしろ後退の中で生じたものである点に問題の深刻さがある。

また第二に、一連の激動は、社会主義の体制的優位性そのものを何ら否定するものでもない。

いうまでもなく、優位性の根幹は、生産手段の資本主義的私有制を基本的に廃絶して、国有中心の社会有とすることによって、人間による人間の搾取を一掃する点にある。さらにこの上に、搾取階級を排除して、勤労階級が国家権力を握ることによって、民主主義を形式的にも実質的にも無限に拡充しうる社会的条件を基本的に確立している点にある。

それにもかかわらず、現在のソ連・東欧諸国で、こうした優位性そのものを現象的にあたかも否定するかのような一連の事態——生活必需品の欠乏、物価騰貴、失業・雇用不安、大量出国、民族問題、民主主義の形骸化など——が生起し、しかも多くの国国で人民が大規模に党・政府批判の行動にたちあがるような事態が生じているとすれば、それは体制的優位性を実生活において実現するうえで、一時的にせよ、重大な誤りや失敗をおかした結果というべきであろう。社会主義の体制的優位性と社会主義建設の諸原則を、現段階の歴史的、社会的な諸条件に具体的に適用し実践する上で、指導上、一定の重大な誤りや逸脱があったからだと理解すべきであろう。体制的優位性といっても、舵取りを誤れば、それを経済や政治の実生活において実際に実らせることはできないのはいうまでもないからである。

これらの点については、当該国でさらに続行されるであろう本格的で具体的な総括に待つとして、私見を一言でのべておけば、レーニンが存命中くりかえし警告してやまなかった官僚主義化、特権集団化という悪弊に、党を中心とする指導部全体が相当深く侵されてきたことに問題の根源があるのではなかろうかということである。こうした悪弊のもとでは、社会主義的民主主義は政治的にも社会的にも後退することはあっても、前進はありえないことはいうまでもないであろう。資本主義国下の党や労働組合の指導部の〝官僚化〟や〝特権集団化〟が党内（組合）民主主義の前進を阻み形骸化させるのと同様である。

またそれは、経済建設においても、とりわけそのテコというべき社会主義的合理化、生産性向上を、社会主義的競争のもとで人民の創意と意欲を最大限に引きだしつつ、全社会的規模で計画的、効率的に推進するうえで、きわめて重大で決定的な障害となることも自明であろう。これでは、党を中心とする指導部にたいし、人民の不満や批判がふきだすのも当然というべきであろう。

よくいわれるように、これを指導・管理上の「行政的・指令的方式」といいかえてもよいかもしれない。だがそれを〝スターリン主義〟にすべて帰着させるかのような総括の仕方にはかならずしも賛成できない。「行政的・指令的方式」は、スターリンの時代には、当時の内外情勢からして多かれ少なかれやむをえないものであり、むしろ相当程度に必要でもあったといってよいからである。また彼もこれを、いついかなる場合にも無条件に正しいと一般化していたわけではないからである。その後情勢と条件は大きく変ったにもかかわらず、そうした「方式」が今日までなお色濃く存在し続けていたとすれば、それは〝スターリン主義〟の問題というよりは、その後の指導部全体の指導姿勢の問題——官僚主義化、特権集団化、等々——として総括されるべきであろう。

いわゆる「発達した社会主義」論や「全人民の国家」論（現段階の社会主義国家を、「共産主義の高度の段階」としての共産主義社会にすでに間近に迫った国家とみなした規定）も、社会主義の現状と現実、人民の生活実態と意識の現実からまったく遊離した、官僚主義化の悪弊をよく象徴する理論的一産物といわざるをえないであろう。

だが、ここでわれわれが確認しておくべきことは、こうした官僚主義なるものは、独占資本の支配する国家独占資本主義（ブルジョアジーの階級独裁）にとっては、体制的に必然的な随伴物というべきだが、社会主義（プロレタリアートの階級独裁）にとっては、本来そうではないということである。百％なくすことは不可能だとしても、また今後も常にその危険性は多かれ少なかれ付きまとうとしても、基本的に克服できる性質のもの——少なくとも、今日のような危機的事態を生みださない程度の軽症ですまさせうるもの——だということである。ここにも、われわれが社会主義の将来展望に確信をもってよい根拠がある。

（二）

しかし、それにもかかわらず、ソ連・東欧の当面の事態は、かならずしも楽観を許さない厳しい危機的状況下にあるというべきであろう。

いま「改革派」（急進派を含む）の主導によって進行中の「改革」と「民主化」には、社会主義の再生への方向だけでなく、帝国主義側の〝援助〟に支えられた資本主義への復帰ないし併合（東ドイツの場合）の可能性と危険性も少なからずあるように思われるからである。

ワルシャワ条約機構加盟のソ連・東欧のうち、はたしてどれだけの国が社会主義国として留まり続けるかいなか（すべてそうであることを期待するものであるが）、また留まった国でも、社会主義を真に再生するために必要な政治的・経済的諸条件を、どれだけ早期かつ充分に整えて再出発しうるかいなか、社会主義が第二次大戦後はじめて直面するといっても過言ではない重大な試練と岐路にたっているというべきであろう。

たとえば、ポーランドでは憲法改正（一九八九・一二・二九）において、これまで政治・経済体制を「社会主義」と明記していた二つの章が削除（賛成三七四、反対一、保留十一）されて、「民主主義」と規定し直され、また私企業の承認と私企業を含む経済活動の「自由」を保障する条項が新たに付けくわえられたこと、ハンガリーでも社会的所有と私的所有は同等の権利を持つとして、生産手段の私有化（一九八九年施行の会社法で国営企業を民営化、株式会社化）、私企業への原則無制限の雇用を承認していること、ルーマニアでも国名から「社会主義」を削除した理由について「社会主義を掲げることにはもはやなんの意味もない。経済的にも、国民一人当たりの所得は西側に比べて三分の一、四分の一だ。社会主義は資本主義の後に来て、資本主義より優れた体制といわれてきたが、これまでの現実はどうか。救国戦線は、なんのイデオロギーも持たない」（一九九〇・一・三、副議長記者会見）とするなど、われわれに危惧と疑問の念をいだかせる材料が少なくない。

問題を理論面にしぼっていえば、「急進改革派」と呼ばれている人たちにみられる思潮（ただし、人により相当なニュアンスの差があってかならずしも一概にいえないが）がそうである。そしてそれは、現在のソ連・東欧における「改革派」全体にも、濃淡の差はあれ、多かれ少なかれ浸透しているようにも思われる。

そうした人たちに共通すると思われる有力な「物の見方・考え方」が収斂《れん》（収束）論的な社会体制・歴史観である。収斂論とは、もともとは自然科学上の概念ないし方法論であって、たとえば生物学の分野では、系統の異なる二つの生物が、同様の生活環境に適応した結果、第三の相似た形質のものに向ってかぎりなく接近（進化）するという意味でいわれているものである。これが社会科学へ適用されて、一方で社会主義社会は、「分権化」と「市場経済（原理）の導入」によって、他方で現代資本主義は、「国家の介入」による「計画的要素（原理）の導入」（経済計画や社会保障）によって、もはや単純に資本主義とも社会主義ともいえない第三の共通の社会体制、「資本主義と社会主義のより成熟した結合形態の体制」（ガルブレイス、メンシコフ『資本主義、共産主義、そして共存』、二六九頁）にむかって、かぎりなく接近（収斂）するというものである。

（三）

「**佐藤**　体制の如何にかかわりない市場経済の普遍性を認めて（対談の両人とも承認……引用者）経済システムを構

築するとなると、第一の問題は、資本主義と社会主義とのあいだの境界線というものがぼやけてしまうことです。それにともなって、二番目の問題、つまりどこにこの体制のアイデンティティー（同一性）を見出すかという問題が提起されると思うのですが。

ポポフ　資本主義と社会主義との境界線がかなりの程度ぼやけてくるというご指摘に同感です。将来、資本主義の場合には国家の役割が三八％だが、社会主義の場合には四〇％だということになるかもしれません。

両者のちがいはプロテスタンティズムとカトリシズムのちがいと同じようなものになるかもしれません。それにもかかわらず、われわれが社会主義の枠内にとどまるのは、現在のシステムがどこまで社会主義かということよりも、過去に行った選択の結果としてです。

両者を包括する大パラダイム（共通の体制観）をつくる必要があるかもしれませんが、現状ではまだ困難です。当面は何らかのちがいは残るでしょうが、対決によって解決されるべきような性質のものではありません。ですから、私はその体制をどう呼ぶかということについては不透明であるとしても、将来を楽観的に見通しているのです」（佐藤経明、G・ポポフ「経済ペレストロイカ、出口はあるか」、『世界』一九八九年一二月号、五五～五六頁）。

こうした体制観・歴史観から必然的にでてくる、もう一つの重要な理論的帰結が、現代資本主義は帝国主義的性格をもたなくなった（現代資本主義は帝国主義的属性なしに存在しうる）という見方である。

「**ガルブレイス**　わが国には、共産主義の危険を警告することに自らの生涯を捧げている人びとがいますし、また、あなたの国でも資本主義的帝国主義の危険を警告することにその任務を捧げている人びとがいると思います。

メンシコフ　そういった人びとは、国民の間の根深い疑念を餌にして生きているのではありませんか。そういった疑念は、マスメディアのいい加減なおしゃべりによって引き起こされたものですが。

ガルブレイス　それに、学術雑誌にも大いに責任があります。しかし、彼らは、そういった信念をもち、それを後生大事にかかえたまま、変えようとはしないのです。

メンシコフ　多分、考えを変えるには歳をとりすぎているのでしょう」(前掲書、二三一頁)。

このような社会体制・歴史観や帝国主義ぬきの現代資本主義論が、唯物史観やマルクス・レーニン主義の見方と異ったものであることすはいうまでもないであろう。これは、現代のいわゆる社会民主主義やブルジョア・リベラル派のあいだで有力な理論といってよい。

このため、同じく平和共存論を主張するかぎりでは一致しても、その理論的根拠や意義は大変異ったものとなる。つまり、収斂論的見地にたてば、社会主義と資本主義は対立と闘争の間柄ではなく、むしろ、両者の良いところをお互いに取り入れあって(前者は「市場原理」を、後者は「計画原理」を)、第三のある共通の体制にむかって競い合う協力・共同の間柄となる。したがって、両体制間の対立より協力が、より本質的な要因とみなされる。一国内の労資関係において、協力・共同の側面を本質的とみなし、対立の側面を二次的、副次的とみなす把え方と相似ている。

こうした基本的とらえ方のうえに、さらに核兵器がもつ人類(両体制)共通の脅威、帝国主義的属性を消滅させた現代資本主義という見方が合わさって、修正(削除)前のソ連共産党綱領や協会の『提言』(三六、七九頁)にあるような、平和共存政策とは「国際的規模における階級闘争の一形態」という規定は、もはや不適切ないし誤りとみなされる。ソ連の綱領修正はその一反映のように思われる。

「新しい理念にもとづいてわれわれは第二七回党大会でソビエト共産党の新しい党綱領を採択した。とくにわれわれはこの新綱領のなかで、異なった社会システムを持つ国国の平和共存を『階級闘争の一つの形』として定義できなくなった事実を確認した」(ゴルバチョフ『ペレストロイカ』、田中訳、講談社、三一〇頁。この点くわしくは本書Ⅳの二参照)。

もちろん、だからといって、ゴルバチョフが収斂論の支持者とは必ずしも思わないし、ゴルバチョフ政権下の平和共存政策の実践的成果を否定するものでもない。問題が生ずるとすれば、これからであろう。平和共存政策をいっそう正しく力強く前進させるためにも、理論的再考を切望したいところである。

収斂論的な体制・歴史観からでてくるもう一つの理論的特徴ないし問題点は、社会主義を歴史発展の必然として、資本主義の基本的矛盾を止揚したより高い段階の社会体制として把える視点がないことである。社会主義はたんに「過去に行った選択の結果」（前出、ポポフ）として、資本主義といわば並列化される。したがって、われわれがいう社会主義の体制的優位性という観点と確信を概して欠いていることである。そしてそれは、すぐあとでふれるとおり、生産手段の私有制→賃労働→搾取という観点が多くの場合ないか軽視され、あっても極めて曖昧であることにもよく示されている。

（四）

個別の論点として収斂論に特徴的なのが、経済、所有、政治等等の「複数主義化」（複数主義を万能視する）の発想である。

「**ポポフ**　それ（経済改革）はいくつかの前提から出発していますが、第一は理論的なもので、われわれは市場（商品・貨幣関係）というものを資本主義経済に固有のものとは考えていません。それは人類が原始社会を抜け出して交換社会に入り込んできたときから、文明の普遍的な共有財産としてすべての経済体制に共通するシステム、メカニズムだととらえています。

この（私有化の）点でも明確だと思います。それは、所有関係を生産力の水準に一致させなければならないということから出発しています。こういっただけではまだ抽象的で、実際には市場で競争条件を整備し、市場でどんな所有形態が勝利をおさめるかによって、いかなる私有化の程度を選ぶかを決めなければならないでしょう。

基本的な企業形態は株式会社の形態以外にないでしょう。国有企業にしても、その大部分は株式会社化されるべきだと思います。国家は、持株会社を通じて国有企業の企業行動に影響力を行使できる程度の持株、たとえば、二〇％を保有し、残りは企業の相互持ち合い、つまり法人株主、さらに従業員株主、大衆株主、あるいは外国資本の参加も可能でありましょう。したがって、国有企業といっても内部構造はかなり変わるものと予想してよい。

佐藤　そういうふうになってきますと（経済、所有、政治システムの複数主義化）、社会主義概念自身が、従来のコミュニズム的なものでなく、社会民主主義的な社会主義像というものときわめて接近してくるように思われます。

ポポフ　厳密にいいますと、社会主義に関する理論というものは、スターリン時代に形成されたものを除いてはありません。

ですから、われわれがこれからつくろうとする体制を『社会主義』と呼ぶか呼ばないかということは、じつにおびただしい問題を提起するでしょう」（前掲誌）。

この発言の中には、科学的社会主義の立場からみて重大な誤りや問題点が多く含まれてる。なかでも問題の第一は、「市場（商品・貨幣関係）」を本質的に資本主義に歴史的に固有のものではなく、「普遍的な、すべての経済体制に共通するシステム、メカニズム」と把えてる点である。商品・貨幣関係、「市場経済（原理）」の内在的矛盾の歴史性と歴史的限界を説く『資本論』の方法とはまさに逆である。

商品・貨幣関係、「市場経済」は、社会主義にとっては、資本主義からひきつぐ「旧社会の母斑」であり、社会主義的計画経済を十全に建設するために利用する過渡的で補助的な手段にすぎない。したがって課題は、こうした基本的見地を堅持したうえで、当面の「経済改革」の前進のために、それをいかに、どの程度活用するかというように設定されなければならないであろう。

収斂論者が頭に描くように、社会主義的「計画原理」と資本主義的「市場原理」との全一的に調和のとれた経済体制なるものは、理論的にも実際的にも本来不可能だと筆者は考える。というのは、前者は主要生産手段の社会有を前提として成立つ「原理」であるのにたいして、後者はその私有を前提として成立つ「原理」であり、両者は本質的に相排斥しあうものだからである。この点を無視して「市場原理」を「普遍的システム」という観点にたって導入するとすれば、国民経済の新たな性格の果てしなき混乱と低迷か、さもなくば経済のあらゆる分野にわたる「市場原理」のいわば歯止めなき「導入」か、そのいずれかに行き着かざるをえないであろう。こうして、論者の主観的意図と異って、客観的には社会主義の〝自動崩壊〟と資本主義の〝建設〟へ通じかねないといわざるをえないであろう。

問題の第二は、社会主義とは人間による人間の搾取を最終的に一掃する社会体制であり、そのためには生産手段の私有の容認は限定的、過渡的でなければならず、あくまで生産手段の社会有が決定的な要件をなす、という基本視点を欠いていることである。所有の「複数主義化」を主張し、所有関係は市場での自由な競争の結果にゆだね、企業形態も国有企業をも含め「株式会社の形態以外にない」とみるからである。ここまで「市場経済（原理）」が導入されたとしたら、両体制を分つ「境界線」はほぼ消滅し、「社会主義と呼ぶか呼ばないか」どうでもよいことに確かになろう。だが、それは事実上、資本主義への復帰の道というべきであろう。

なお、ちょうど脱稿時に、「計画的市場経済」とそのための「所有形態の多様（複数）化」を「経済改革」の柱として盛りこんだソ連共産党・新政治綱領草案が公表された。

草案の経済の部分をみるかぎり、上述の急進派の考え方が濃厚に反映しているように思われる。このところの表題は「効率的な計画的市場経済をめざして」となっているが、どうして例えば〝社会主義的計画経済の効率化と民主化をめざして〟とされないのか。そしてこのうえで、当面の経済改革の補助的、過渡的方策として、商品・貨幣関係を必要なかぎり積極的に活用する、とされないのか。一読しただけで、たちどころにわいてくる疑問である。

この草案は来る第二八回大会で新綱領を採択するまでの暫定綱領的文書であるが、このまますすめばゴルバチョフが書記長就任後採択した現綱領（一九八六年、第二七回大会）やそれ以前のものと大幅に内容の異った新綱領となる可能性が高い。現実にマッチしない「発達した社会主義」「全人民の国家」の削除だけでなく、場合によっては社会主義の本質規定にかかわる部分——所有関係、計画経済——も大幅修正の可能性が予想される。この意味で重大な関心がもたれるが、草案への批判とコメントは次の機会にまわしたい（この点、詳しくはⅣの四参照）。

（初出、「社会主義」一九九〇年四月号）

Ⅳの四　「市場経済移行（導入）」と社会主義

（一）

前稿（「社会主義」一九九〇年四月号、二月執筆──本書Ⅳの三）において、ソ連・東欧情勢について次のように述べておいた。

「ソ連・東欧の当面の事態は、かならずしも楽観を許さない厳しい危機的状況下にあるというべきであろう。いま進行中の『改革』と『民主化』には、社会主義の再生への方向だけでなく、帝国主義側の〝援助〟に支えられた資本主義への復帰ないし併合（東ドイツの場合）の可能性と危険性も少なからずあるように思われるからである。

ワルシャワ条約機構加盟のソ連・東欧のうち、はたしてどれだけの国が社会主義国として留まり続けるかいなか、また留まった国でも、社会主義を真に再生するために必要な政治的・経済的諸条件を、どれだけ早期かつ充分に整えて再出発しうるかいなか、社会主義が第二次大戦後はじめて直面するといっても過言でない重大な試練と岐路にたっている」。

その後の情勢の推移──とりわけ、東ドイツにおける保守・中道の大連立政権の成立（一九九〇年四月一二日）とその政策協定（その中心は西独基本法・憲法二三条に基づく統一の実現）、さらには両独の経済統合条約の調印（五月一九日、東独の経済主権をほぼ全面的に西独に移譲し、西独資本主義への編入を実質的に確認）、またソ連では共産党・新政治綱領草案の経済綱領部分を具体化した「市場経済移行の基本構想」(五月二四日)等をみると、残念ながら、さしあたりは「社会主義の再生の方向」よりは、「資本主義への復帰ないし併合の可能性と危険性」の方向へさらに進んだ——東独についてはほぼ決定的——といわざるをえないように思われる。

そこで以下、その後の情勢の特徴について、理論上の問題点——とりわけ、「市場経済移行(導入)」をめぐる問題——を中心に私見を補足しておきたい。

(二)

一九九〇年三月一八日に実施された東独総選挙で、キリスト教民主同盟(CDU)ほか三党で構成する保守派のドイツ連合が、四〇〇議席のうち一九三議席を制して圧勝し、旧社会主義統一党の民主社会党(PDS)は社会民主党(SPD)の八七議席についで六五議席の第三党にとどまった(その後の統一地方選でも大勢は同じ)。

この選挙結果をうけて、四月一二日に第一党のキリスト教民主同盟、第二党の社会民主党など保守・中道の五つの政党、会派からなる大連立政権が成立・発足した(旧社会主義統一党の民主社会党は野党へ)。連立にあたって、(1)西独基本法(憲法)二三条に基づく独統一の実現、(2)西独マルクへの統一をはじめとする西独との通貨・経済・福祉同盟の七月一日実施、(3)当面、NATOへ加盟などを骨子とする政策協定が合意された。二三条に基づく統一とは、かつての東ドイツの地域が西独への加盟を決定すれば、これを受け入れるというものである。したがって、これは両独の対等合併でもなければ、ましてや西独の東独への編入による統一でもなく、反対に東独の西独への編入・併合による独統一を意味する。西独諸政党による大幅な選挙介入があったとはいえ、結果として、東独新政権と人民の大半は、自らこの道を選んだのである。東独の当面の行方は、これによってほぼ大勢が決ったともいえる。

こうした方向をさらに確定的にしたのが、五月一八日に調印された経済統合のための両国家統一条約（両独の通貨・経済・社会保障同盟創設に関する国家条約）である。

条約は前文の冒頭で、「一九八九年秋に東独で平和的民主的革命が行われた」ことを述べたあと、「社会的市場経済を、社会経済発展のための基礎として東独にも導入し、それによってその国民の生活条件や労働条件をたえず改善して行くという共通の意思を持ち、通貨・経済・社会保障同盟を創設することによって、西独基本法二三条に基づき欧州統一に寄与する国家的統一達成へ向けた最初の重要な一歩を踏み出そうとする」ものだと述べている。

条約本文の内容をポイントの二点に整理して紹介すれば、以下のとおりである。

①生産手段の私有の保障と一切の「営業の自由」の承認、これに反する東独憲法の規定の廃止。注(1)

「経済同盟の基礎は双方に共通な経済秩序としての社会的市場経済である。これはとくに私有財産制、競争原理、自由な価格決定、さらに労働、資本、財貨、サービスの完全自由化によって規定される」（第一章第一条の第三項）。

「双方は西独基本法の民主的、連邦的、社会的基本秩序を承認する。……土地と生産手段に対する個人投資家の所有権、さらに労働条件と経済的条件の維持と促進のための結社形成の自由を保証する」（第一章第二条の第一項）。

「従来の社会主義的社会・国家秩序に関する東独憲法のこれと対立する規定は、もはや適用されない」（同、第二項）。

「東独は、その経済・財政政策措置が社会的市場経済と調和することを保証する。……企業運営は、第一条の社会的市場経済原則に基づき行われる。企業は、生産物・生産量・生産様式・投資・労使関係・物価・利益活用に関し、自由な決定を下しうる」（第三章第一一条の第一、二項）。

②通貨・資金供給の中枢としての中央銀行ならびに通貨の西独連銀（中央銀行）・マルクへの一本化。

「双方は一九九〇年七月一日以降統一的な通貨地域と共通通貨として西独マルクを持つ通貨同盟を形成する。西独連邦銀行がこの通貨地域の発券銀行である」（第一章第一条の第二項）。

「西独連銀、西独金融機関監督庁および西独保険機関監督庁は、本条約およびこれらの法規に従って認められた権限を、本条約の全適用地域において行使する」（第一章第三条）。

「通貨同盟設立に伴い西独マルクの唯一の発券銀行である西独連銀の金融政策上の責任は、全通貨地域に拡大される。……一九九〇年七月一日から西独マルクが東独における通貨として導入される。……西独連銀はこの条約および連銀法に規定された権限を通貨同盟の全地域で行使するため、東独国内に十五までの支店を設ける」（第二章第一〇条の第一、五、七項）。

(三)

条約の前文ならびに本文で「社会経済発展のための基礎として東独にも導入」するという「社会的市場経済」なるものが、紛れもなく資本主義（国家独占資本主義的市場経済の別名）であることは、先に引用した条文の規定からして、あえて解説の要もなくまったく明白であろう。つまり、東独の社会主義的経済構造を解体して、東独を西独資本主義の一環として組み込み、東独経済を資本主義として「再建」することを、双方が条約として承認しあったということである。こうした「統一」という名の一方的な「編入」によって、下部構造の資本主義化が進めば、あと残るのは政治、軍事など上部構造の「統一」のみとなる。

少なくとも当面の東独内における政治的な勢力関係、東独人民の意識動向、東西ドイツならびに国際的な力関係を考慮すれば、「統一」の過程で多かれ少なかれ混乱や摩擦を伴うにしても、条約の内容はほぼ実行に移されることになるであろう。残念ながら、社会主義・東ドイツの解体と資本主義化は、さしあたり避けられないであろう。東独が東欧の中心国であっただけに、同じく「市場経済への移行」を志向しつつある他の東欧諸国の今後の動向にとっても、相当に決定的な影響を及ぼすと考えざるをえない。

こうみると、十月革命によって一国社会主義を実現し、第二次大戦後に社会主義世界体制を成立させ、そしておよそ一九六〇年代までは大筋として着実な前進を示してきたといってよい社会主義は、今回の〝激動〟を通して、一時的であるとはいえ、きわめて重大な敗北ないし大幅な後退を余儀なくされたといわざるをえない。逆にいえば、一時的にせよ、帝国（資本）主義の側は大幅な〝巻返し〟に成功したということである。これから本格化するであろう帝国主義による「東欧支援」は、東独と東欧を自己の勢力圏に再包含する意味において、政治的・軍事的に大きな利益であるだけでなく、新たな資本・商品輸出の市場の獲得という意味において、経済的にも大きな利益となることはいうまでもない。

社会主義とは、レーニンがいうとおり、「階級闘争の終了ではなく、新しい形でのその継続である」（全集第二九巻、三八二頁、第三〇巻、一〇二頁）。つまり、国家権力を掌握した下で、外の帝国主義と内のブルジョア的（ないし小ブルジョア的）残存物とたたかい、全勤労階級との同盟を強化しつつ、社会主義を全面的に――経済、政治、イデオロギーなど――建設する過程である。だから、舵の取り方を大きく誤ったり、重大な路線上の逸脱をおかせば、一時的にせよ敗北も当然ありうる。

今回の敗北ないし後退は、科学的社会主義（マルクス・レーニン主義）そのものが誤っているからではなく、そこからの重大な逸脱に由来すると考えるべきものであることは、前章で簡単ながら述べたとおりである。とりわけ、長期政権下での党・国家機構（国営企業を含む）における官僚主義の悪弊の浸潤、そしてここから派生する政治的社会的民主主義の形骸化と後退、経済建設なかんずく生産性向上と社会主義的競争の停滞と後退、人民の指導部不信の増大と経済的、政治的諸矛盾、不満のうっ積である。これが一挙に噴き出したのが今回の〝激動〟である。注(2)

先に引用したとおり、統一条約はその前文冒頭で、今回の激動を「平和的民主的革命」と呼んでいる。だが、社会主義の立場からいえば、もし事が統一条約どおりに基本的に進むとすれば、「平和的」な反「革命」というべきであろう。「社会的市場経済」の導入とは資本主義化の実現にほかならず、したがって社会主義の解体にほかならないからである。官僚主義の一掃、社会主義の民主的刷新を求める自然発生的な大衆運動からスタートした反革命である。こうした東独ならびに東欧の現況を考えれば、昨秋以降の当面する時期は、世界史的な尺度でみれば、一時的な反動期とみなされるべきであろう。歴史発展の歯車が一時的に逆戻りしたという意味においてである。

だが、やや長期的にみれば、前章（Ⅳの三）でもすでに述べておいたとおり、社会主義は歴史発展の合法則的で必然的な産物であるかぎり、社会主義には敗北や終焉はありえない。社会主義の再生は世界史的必然である。東独と他の東欧諸国が、不幸にも逆戻りしたとしても、それは社会主義としての再生が、いわば振出に戻ったまでにすぎない。東独と東欧の大半の人民が多かれ少なかれ抱いている「社会的市場経済」にたいする幻想が、いずれ幻滅に変るのも時間の問題であろう。失業と雇用不安を始めとする「合理化」、賃金抑制とインフレ・独占価格、高家賃と住宅難、福祉切捨と「自助努力」の強要、教育・医療の有料化などなど、冷酷、無慈悲な資本主義の諸矛盾が、かれらの生活と労働に容赦なくおそいかかってくるのは時間の問題だからである。この時かれらは、反ファッショ闘争をつうじて社会主義をいったんは実現した貴重な経験、そして今回の一時的な後退と敗北の苦い経験を教訓としつつ、社会主義の本格的で力強い再生のスタートを、東西を問わずドイツ全域において開始するにちがいない。

（四）

「市場経済への移行」問題からみたソ連の動向として、一言ふれておかなければならないことがある。全欧安保会議（ＣＳＣＥ）第一回経済協力会議において、ソ連、東欧を含む全欧州とアメリカ、カナダの計三五ケ国が、「市場経済体制」と「複数政党制」を基本原則として経済協力を深めていくことを一致して確認した最終文書、いわゆる「ボン宣言」（一九九〇・四・一一採択）についてである。その前文でこう確認している。

「ＣＳＣＥ参加三十五ケ国は①民主的制度と経済的自由が経済、社会面での進歩をはぐくむことを認識する②市場経済のパフォーマンスは、個別企業活動の自由と、その結果生じる経済成長に依存していることを認識する③個人の経済的自由は財産を自由に所有、売買、使用する権利を含むことを確信する④加盟国間の経済政策の漸進的調和が経済関係強化のための新たな長期的展望を開くと考える⑤複数政党制と市場経済の関係を認識し、自由選挙に基づく複数政党制民主主義と、法の統治および法の下での平等な保護にコミットする⑥価格が需給関係で決まり、自由かつ競争が存在する市場経済の維持もしくは実現を目指す」（読売新聞、一九九〇・四・一二）。

この「ボン宣言」の意義について、朝日新聞社説（他のマスコミもほぼ同一論調）は、こう述べている。

「資本主義と社会主義に分かれた欧州の経済体制は今後どうあるべきか――。この根本的な課題をめぐって、ひと月近く西独のボンで続けられてきた全欧安保協力会議の経済協力会議が終わった。

採択された最終文書は、市場主義自由経済の原則、私有財産制の容認をはっきりとうたっている。

これは画期的なことである。ソ連を含む全欧州（アルバニアを除く）に米、カナダを加えた東西両体制の三五カ国が、基本的には計画経済を否定し、市場経済でゆくことを公式の場ではじめて『認知』したのだ。

しかもこんごの経済運営は、ガット、ＩＭＦなどのような西側製の国際ルール、慣行に従うことも認めている。後世これでもって、経済システムとしての社会主義の『命日』とする人があるかもしれない。

おくれた東側経済の近代化を資金面で支援するための欧州復興開発銀行も、来年春ごろ活動開始の方向でさきに合意された。これで経済面で『ひとつの欧州』をつくりだすもっとも基本的な枠組みができたことになる。

日米にくらべて活力に劣り、しかも東西分断がそれに輪をかけてきた欧州の経済が、ひとつの大きな欧州として活性化する方向が固まったことを祝福したい」（一九九〇・四・一三）。

この「祝福」の社説には、独占資本と帝国主義の戦略的意図と期待をこめた誇張がないとはいえない。

しかし、いまソ連・東欧における経済改革、経済ペレストロイカの中心問題となっているといってよい「市場経済への移行（ないし導入）」論のなかには、「国民経済の新たな性格の果てしなき混乱と低迷か、さもなくば経済のあらゆる分野にわたる『市場原理』のいわば歯止めなき『導入』か……論者の主観的意図と異って、客観的には社会主義の〝自動崩壊〟と資本主義の〝建設〟へ通じかねない」（「社会主義」一九九〇年四月号、一〇二頁、本書、Ⅳの三）問題点があることを危惧する筆者としては、この社説を重大な、いわば逆〝警告〟とうけとめたい。

（五）

ソ連政府は、去る五月二四日、今後の経済制度の在り方と方向を示す「国家経済情勢と調整された市場経済移行の基本構想」を発表した。これは、ソ連邦・共産党の新政治綱領草案の経済綱領部分を具体化したものといってよい。

ただし、後者の「草案」では、目標とする経済体制を「計画的市場経済」（ないし「計画・市場経済」）と呼んでいたのにたいし、今回の「構想」では、「調整された市場経済」と呼んでいて表現上の変更はあるが、意義と内容には変りないとみてよい。要点を示す部分を紹介すれば次のとおりである。

「一、ソ連経済の質的に新しい状態への移行の道は、第二回ソ連人民代議員大会の決議で決められた調整市場経済への移行である。

一、市場形成のみがソ連を世界経済のシステムに組み入れ、国民の生活水準を上げるための客観的な前提条件をつくる。このためには、次のような措置が取られなければならない。

▽多様な所有形態の発展▽企業活動に対する国家の支援と法的保障▽公定、調整価格と並行して自由な市場価格の導入▽銀行事業のペレストロイカ▽安定した通貨制度の確立▽競争の進展と経済の非独占化▽需要の変化や科学技術の発展に順応できる生産構造の改革▽世界経済と相互に関連したソ連経済の発展――などである。

一、多様な所有形態を発展させる過程は、九一年から九二年にかけて国民経済のあらゆる面で進められなければならない。

一、ただし、エネルギー施設や鉄道、航空、海上及び輸送、宇宙、通信システム、情報、基地及び防衛部門の施設はソ連邦全体の所有物として残ることになる。

一、他の所有形態に変わるべき国家資産は、金額にして約六〇％と見積もられる。

一、所有形態の変遷過程は、一〇―一五年かかり、次の方向に沿って進行するだろう。

▽国営企業の株式会社への移行▽買収権を伴う国家資産の賃貸制▽家族及び個人に対する中小規模の企業、生産団体の譲渡▽勤労集団による国家資産の段階的買収もしくは集団所有の形成――である」。

みられるとおり、「構想」（ならびに「草案」）によると、資産額にして約六〇％におよぶ国有企業の株式会社化、西側との合併企業などによる他の所有形態への移行、あわせて多様なすべての所有形態間の平等な競争、食料品価格の平均二倍の引上げ（補助金カット）を含め、需給関係によって市場で形成される自由価格の大幅導入、市場形成によるソ連経済の世界経済システムへの組み入れ等等をつうじて、ソ連経済を国家によって「調整された市場経済」へ移行させるとしている。そしてこれを、準備段階（一九九〇年）、市場関係形成段階（九一―九二年）、市場関係が集中的に発展する段階（九三―九五年）、最終段階（九六年以降）という段取りで実現するとしている。

これら「構想」の個々の内容もさることながら、先ずもって腑に落ちないのは、社会主義の再生を目指すはずのものであるにもかかわらず、今後目標とする経済体制が社会主義的計画経済であることを明言せず、「市場経済」とされている点である。言いかえれば、主要生産手段の社会的所有（中心は国有）と全社会的な計画経済という、社会主義の本質的な基本原則、すなわち社会主義の体制的優位性を保証する基本的要件についての強調や再確認がほとんどみられないことである。

社会主義の再生を目指すのであれば、こうした基本原則の再確認のうえにたって、七、八〇年代の失敗や誤りを総括し、その教訓を社会主義的計画（官僚主義的中央集権でなく、民主主義的中央集権）経済の効率化、民主化、再建強化のためにどう生かすか、ということこそ「構想」の根幹をなさねばならないのではなかろうか。そしてそのうえで、当面の補助的、過渡的方策として、「市場経済」「商品・貨幣関係」をどのように、どの程度にするか――その必要性、可能性、そして限度――、さらに最終的には、こうした資本主義に本質的な属性としての「市場経済」「商品・貨幣関係」に依存する必要のない（漸進的に廃止する）」経済体制を将来的にどう展望するか、というように課題が設定されねばならないであろう。

ところが、「草案」や「構想」では、むしろ逆に「市場経済」を今後目標とする経済体制の基本にすえ、ただその際、〝自由放任〟ではなく、国家によって種種に「調整された」市場経済だとしている。その意味で、たとえはシャターリン（大統領会議の有力な一員）は、目指すのはアメリカ型でなく、日本やフランス型の市場経済だとも述べている（朝日新聞、一九九〇・四・四）。だがもし、社会主義を社会主義たらしめる生産手段の社会的所有と全社会的計画経済という要件を取り除けば――「構想」「草案」には、その傾向が強い――、いうところの「調整された市場経済」とは、現代の国家独占資本主義、すなわち国家による規制、介入をうけた市場経済と理論的本質的に大差ないものとなろう。したがって、行くつく先は独統一条約でいう「社会的市場経済」とほぼ変わりないものとなろう。

「草案」や「構想」によれば、「市場経済」への移行（導入）を進めさえすれば、問題が万事解決されていくかのように聞えるし、また資本主義への逆戻りの危険性についての配慮もほとんど読みとれない。こうした甘くて安易な「市場経済」論の背景には、「市場経済」を「文明の普遍的な共有財産」「すべての経済体制に共通する（資本主義、社会主義を問わない）システム、メカニズム」とみなす、いわゆる収斂論流の非科学的な見解――『資本論』とちがって、市場経済を超歴史的超体制的にとらえる把え方――が色濃く反映しているように思われる（くわしくは、本書Ⅳの三、参照）。

「市場経済」「商品・貨幣関係」は、原始共同体社会でも共同体と共同体が接するところに、封建社会でも、とりわけ現物経済が崩壊過程に入るその末期に、またこれまでの現存する社会主義においても存在してきたことは事実である。だがそれは、あくまで部分的ないし従属的な存在（生産関係）にすぎない。それが社会的に支配的となり、したがって社会体制を歴史的に特徴づける固有の存在となるのは、資本主義においてであり、またそれ以外にはありえない。それは、生産手段の私有制と社会的分業を前提条件とするからである。逆にいえば、「市場経済」を基本にすえた社会主義の経済体制を構想するのは背理を意味し、したがって、これでは真の社会主義経済の再生は不可能となろう。

願わくば、今後ソ連邦における理論と実践の模索と追求をつうじて——さしあたり七月二日以降の第二八回党大会が注目されるところだが——、「保守派」「改革派」その他等等を問わず、上述した社会主義の基本原則の正しい再確認のうえにたった経済再生の路線と潮流が新たに形成されることを、なお期待し続けたいのだが——。

注

（1）東独人民議会は、六月一七日、生産手段の私有の承認ほか社会主義的規定を一掃した憲法改正案を三分の二以上の賛成で可決し、また国営企業の民営化をうたった信託法案も採択した。

（2）官僚主義という点では、帝国主義の政権党や国家機関における方が、はるかに大きく構造的であるにもかかわらず、生産性向上や「合理化」が進むのは『資本論』が明らかにしているとおり、利潤追求のための弱肉強食の「競争という外的強制」の法則が、不断にそうするように資本家を駆り立てるからである。

これに対し社会主義において、生産性向上や合理化推進の保障となりうるものは、一言でいえば民主主義（社会主義的競争）の拡充である。それだけに、ここでの官僚主義の蔓延は社会主義経済の発展にとって、致命的ともいうべきブレーキとなる。官僚主義は社会主義にとっていわばガンである。

（初出、「社会主義」、一九九〇年八月号）

Ⅳの五　社会主義と所有問題

いわゆる〝激動〟以降、ソ連・東欧の経済再生の基本路線として「市場経済への移行」が、そしてそれとの関連で「所有形態の多様化」がうちだされている。こうした動向について、筆者は、七、八〇年代の逸脱や誤りについての総括が不十分で、いわば〝桶の水ごと赤子を捨てる〟式の清算主義的な総括のきらいがみられるとして、これまで重大な疑念を表明してきた（本書、Ⅳの一〜四）。そこで今回は社会主義における所有問題にしぼって少し検討しておきたい。

（一）

社会主義における所有問題の一般原則については、つとに『資本論』が明らかにしているところである。そしてこれは現代でも理論的正しさを失ってはいない。したがって課題は、各国の歴史的社会的諸条件、生産力の発展段階に応じて、この一般原則をいかに適用し実現するかにある。「資本独占は、それとともに、かつそれのもとで開花した生産様式の桎梏となる。生産手段の集中と労働の社会化とは、それらの資本主義的外被とは調和しえなくなる一点に到達する。外被は爆破される。資本主義的私有の最後を告げる鐘が鳴る。収奪者が収奪される。

資本主義的生産様式から生ずる資本主義的領有様式は、したがって資本主義的私有は、自己の労働に基づく個別的な私有の第一の否定である。しかし、資本主義的生産は、一種の自然過程の必然性をもって、それ自身の否定を産み出す。それは否定の否定である。この否定は、私有を再興するのではないが、しかしたしかに、資本主義時代の成果を基礎とする、すなわち、協同と土地および労働そのものによって生産された生産手段の共有とを基礎とする、個別的所有をつくり出す。

言うまでもなく、個人の自己労働にもとづく分散的私有の資本主義的私有への転化は、事実上すでに社会的生産経営に立脚する資本主義的所有の社会的所有への転化に比すれば、比較にならないほど長く、過酷で、困難な過程である。前のばあいには、少数の収奪者による民衆の収奪が行なわれたのであるが、後のばあいには、民衆による少数の収奪者の収奪が行なわれるのである」(『資本論』、岩波文庫、第三分冊、四一五〜六頁)。

「共同の生産手段をもって労働し、彼らの多くの個人的労働力を、意識して一つの社会的労働力として支出する」ような「自由な人間の一つの協力体」(すなわち社会主義社会……引用者)においては、「総生産物は社会的生産物である。この生産物の一部は、再び生産手段として用いられる。それは依然として社会的である。しかしながら、他の部分は生活手段として、協力体の成員によって消費される」(同、第一分冊、一四一頁)。

（二）

ここの意味を読者に解説する必要はないであろう。念のため補足しておけば、デューリング批判というかたちでエンゲルスが（新潮社版マルクス・エンゲルス選集、第一一巻、一二四〜五頁）、またミハイロフスキー批判というかたちでレーニンが（「人民の友」とは何か、大月版全集、第一巻、一六五〜八頁）、この部分を分りやすく解説しているので参照されたい。

ここで必要なかぎり、要点をかいつまんで示せば、社会主義社会においては、⑴土地を含め生産手段は、原則として国有を中心とする社会的共同所有となる。[注(1)] 過渡的な例外として、たとえば資本主義からひきつぐ小農経営のような場合には、個人的所有ないし共同組合的所有が認められる。[注(2)] ⑵生活（消費）手段については、上述の⑴を基礎としたうえで、原則として個人的に所有ないし個人的に消費される。ただし、例外的に電車、劇場、公園などのように、社会成員がそうした方が便利で利益であると判断するような場合については、社会的に共同で所有・消費される、ということである。

このなかでも決定的な根幹をなすのは、⑴の生産手段の所有問題であることはいうまでもない。

社会主義とは、人間による人間の搾取を最終的に一掃する生産関係（ないし社会体制）である以上、第一に、「一部の人間による他の人間の搾取にもとづく、生産物の生産と取得の最後の、そしてもっとも完全な表現」としての「ブルジョア的な私的所有」（『共産党宣言』、全集第四巻、四八八頁）が、社会主義的国有を中心とする社会的共有に移されることは必然かつ当然である。これにより、労働力の商品化による資本主義的賃労働（剰余価値という形態をとった搾取）が原則として廃絶される。また第二に、唯物史観の見地からも、すなわち生産（力）の社会的性格に生産関係を照応させるという見地からしても、主要生産手段を国有を中心とする社会的所有に転化することは必然かつ当然である。

こうして、エンゲルスが『空想より科学へ』のなかで、「この二大発見、すなわち唯物史観と、剰余価値による資本主義的生産の秘密の暴露によって、社会主義が科学となった」（岩波文庫、六三頁）と述べていることは、社会主義における所有問題を正しく理解するうえでも、決定的に重要な意味をもっている。

（三）

上述してきた社会主義と所有にかんする一般原則は、これまでの社会主義運動のなかでも、国際的に継承されてきたことは周知のとおりであろう。

従来の平和共存政策にかんする見解に修正（「社会主義」一九八九年二月号の拙稿、本書、Ⅳの二、参照）を加えたうえで、一九八六年三月、ゴルバチョフのもとで採択された現ソ連共産党綱領でも、こう述べられている。

「党の関心の中心には今後も、社会主義経済体制の基礎である生産手段の社会的所有を強化しさらに増やすことが置かれる。これからも生産の社会化とその計画的組織の水準を引き上げ、全人民的所有の長所と可能性を引き出す形態と方法をたえず改善しなければならない。

農業の生産力の向上、経営間協業と農工統合の発展は、コルホーズ・協同組合所有と全人民的所有をさらに接近させ、将来は融合するのに役立つことになる。このことは、この二つの形態の社会主義的所有が全面的に発展し強化することの結果として、コルホーズ・協同組合的経済セクターの可能性をより十分実現していくことの結果として進行する。

管理のレーニン的原則、とりわけ中央指導の効率の引き上げと企業合同、企業の経営的自主性と責任の大幅な拡大という二つの柱の一致を表現している民主集中制の原則の首尾一貫した実現をはからなければならない」（ノーボスチ通信社刊、五二、五五頁）。

また、『社会主義協会の提言』（七五〜六頁）でもこう述べられている。

「支配階級が支配階級でありうるのは、かれらのみが生産手段を所有し、あるいはこれを自由に処理しうるからである。したがって、革命的社会主義政権が、ただちに、あるばあいにはじょじょに、開始しなければならぬことは、つぎのような諸任務である。革命的社会主義政権は、現行憲法を改正する。そして、生産手段を、原則として国有または公有にし、生産、交通、通信および商業・金融機関を国営または公営にする。みずからの額に汗して働く農民の所有する土地を、ただちに国有または公有にすることはない。いっさいの消費手段を国有または公有にすることは、みとおしうるいかなる社会においても、原則としてはない」。

（四）

「市場経済への移行」（本書Ⅳの三、四、参照）とあわせて、現在のソ連・東欧で試みられつつある「所有形態の多様化[注(3)]」が、上述してきた論点とかなり異なったものであることは明らかであろう。

「所有形態の多様化」の内容については、「社会主義」、一九九〇年八月号の杉本論文が分りやすく紹介しているので引用で示しておこう。

「旧憲法の所有条項と新憲法（九〇・三・一四採択）のそれを生産手段の国有問題を中心に比較してみよう。両憲法とも所有に関しては『第二章　経済制度』で規定されているが、構成をみると、旧憲法が総論（社会主義的所有）→国有→コルホーズ・協同組合所有→市民の個人財産となっていたのに対し、新憲法では総論（所有）、市民財産→集団所有→国有という形へと改正された。国有の位置が大きく低下したことがうかがわれる。

旧憲法ではまず、国有財産およびコルホーズ財産の形態をとる生産手段の社会主義的所有がソ連の経済制度の『基礎』とされ、そのうちでも国家所有が『社会主義的所有の基本形態』と位置付けられ、国家は工業、建設、農業の基本的生産手段、運輸・通信手段、銀行その他を財産として持ち、土地、地下資源、水資源、森林は国家の排他的所有に属する、と規定されていた。

これに対し新憲法は、『ソ連の経済制度はソビエト市民の所有、集団所有、および国有に基づき発展する』と規定したうえ、『国家は多様な形態の所有の発展に必要な条件を作り、それらの平等な保護を保障する』としている。国有については、全連邦所有、共和国所有、州所有などの段階的区別が与えられているのみで、土地、地下資源、水資源、自然状態にある動植物は当該地域人民の財産であると規定されている。

一見して明らかなように、新憲法においては社会主義的所有＝国有という理解が拒否され、国有は市民所有、集団所有と同等、ないしはそれらより下位の所有形態であるかのように扱われている」（九八頁）。

こうした新憲法における所有形態の変更の理由について、杉本論文はソ連で支配的な「二つの論点」を紹介している。すなわち、国有という所有形態のもとでは、「非効率性」と「労働と所有の分離」が生ずるというのがそれである（九九〜一〇一頁）。

だが、このような変更の理由は、筆者には説得力がないように思われる。というのは、「非効率性」や「労働と所有の分離」は、けっして国有という所有形態そのものに必然的に随伴するものではないからである。社会主義政党の正しい指導（管理・運営）の下で社会主義的競争が民主的に組織されれば、生産手段が搾取の手段（資本）であることから解放され、勤労者の共同所有物に移されたことによって、むしろ逆に、真の〝効率性〟が実現され、また真の意味における労働と所有の〝結合〟をはじめて実現できる社会的条件が確保されると考えるべきだからである。このことは、マルクス、エンゲルス、レーニンも繰返し述べているとおりである。

本書Ⅳの四でも述べたとおり、問題は所有形態にあるのではなく、主として党の指導性の欠陥、一言でいえば官僚主義の跳梁にあると理解すべきだと考える。経済再生の基本路線として提起されている「市場経済への移行」とあわせて、「所有形態の多様性」についても、筆者が重大な疑念を表明するゆえんである。

（五）

最後に、このことと関連して、杉本論文に一言ふれておかなければならないことがある。一部に若干の誤解があるように思われるからである。

「改革の諸相のすべてがそうだが、所有制度の改革もまた、旧来の社会主義観からするときわめて重大な問題を提起している。そこでは社会主義的所有の基本形態＝国有という枠組が拒否され、資本主義においては資本による私的・資本主義的所有の最もふさわしい形態でもある株式会社などの一見社会主義社会においては存在が許されない所有形態が導入されてきているからである。所有関係が生産関係を、従って社会経済構成体の在り方（資本主義であるか社会主義であるかといったこと）を規定するという理解を前提とした旧来の社会主義観に基づく限り、現在の所有関係改革は社会の性格規定に触れるものとなり、〝資本主義の復活〟〝両体制の収斂〟という見方が必然的とならざるをえない」（九五頁）。

「あくまでも所有関係は『生産関係……の法律的表現にすぎない』（マルクス『経済学批判』序文）のであり、当該社会の性質を規定するのは所有関係ではなく生産関係なのである（スターリン的経済学においてはそれは逆転し、〝生産手段の所有関係が生産関係の土台をなす〟とされた。われわれもあまりにスターリン的経済学に感染していたのではないだろうか)。資本主義における所有法が、搾取関係を直接には表現しないことにも留意すればなおさら、ソ連の所有法での所有形態の多様化規定でもって社会の性質を云云するのは早計で不用意であるといわざるをえない」(一〇一頁)。

まず第一に、経済的実在としての所有関係(実際に誰がどう所有しているかということ)と、その法律的表現としての所有関係(法律の文面上どう規定されているかということ)とが、事実上混同して論じられているように思われることである。議論を正しく行うためには、両者を明確に区別して把えておかなければならない。前者を事柄の本質的関係とすれば、後者はその法的な現象形態といってもよいであろう。

杉本氏が援用されている『経済学批判』序文(選集第七巻、五四頁)の文言にいう「所有関係」は、明らかに後者の法律的表現としての所有関係をさしている。だが同時にマルクスは、たとえばプルードン批判の中で、『経済学』は、所有関係の総体を、意思関係としてのそれの法律的表現においてではなく、それの実在的な形態において、すなわち生産関係として、包括している」(大月版全集、第一六巻、二五頁)と述べていることにも明らかなとおり、経済的実在としての所有関係を法律的表現のそれと区別して論じている。

このことを前提として、第二に、後者の法律的表現としての所有関係についていえば、わが国の憲法第二九条財産権ならびに民法第二編第三章財産権の諸条項をみても明らかなとおり、「そこには生産手段の所有者は資本家であるなどとは規定されていない」し、「資本主義の本質たる資本――賃労働関係という生産関係は直接には見えない」(杉本論文、一〇一頁)のは当然ながら確かである。この意味では、「所有関係は生産関係を、したがって社会体制の在り方を規定するものではない」といってもよいであろう。

だがしかし、これを経済的実在としての所有関係(生産手段を誰がどのように実際に所有・支配しているかどうかということ)まで含めて言うとすれば明らかに誤りというべきであろう。

主要な生産手段を資本家階級が所有し、労働者階級は無所有であることが、労働力の商品化を必然的に生みだし、したがって資本―賃労働という資本主義的搾取・階級対立関係＝生産関係を必然的に生みだすからである。つまり、生産手段の所有のいかんが生産関係を規定し、あるいは生産関係の基本をなすということである。したがって、この意味で、所有関係は当該社会の生産関係を、ひいては社会体制の在り方や性質を基本的に規定するということである。そしてこれは、すでに上述したとおり、マルクス、エンゲルス、レーニンならびに『社会主義協会の提言』の把え方でもある。

杉本氏は、「所有関係が生産関係を、従って社会経済構成体の在り方（資本主義であるか社会主義であるかといったこと）を規定するという理解」（九五頁）あるいは「生産手段の所有関係が生産関係の土台をなす」（一〇一頁）という把え方を、「旧来の社会主義観」「スターリン的経済学[注(4)]」と呼んでいるが、もしそうだとすれば、マルクス、エンゲルス、レーニンそして『社会主義協会の提言』も「スターリン的経済学に感染していた」ということになろう。だがもちろん、これは氏にとっても不本意のはずである。ご一考を乞う次第である。

注

（1）「労働者革命の第一歩は、プロレタリアートを支配階級の地位に高めること、民主主義をたたかいとることである。プロレタリアートは、その政治的支配を利用して、ブルジョアジーからつぎつぎにいっさいの資本を奪いとり、いっさいの生産用具を国家の手に、すなわち支配階級として組織されたプロレタリアートの手に集中し、生産諸力の量をできるだけ急速に増大させるであろう。
もちろんこれは、最初は、所有権とブルジョア的生産諸関係にたいする専制的な侵害によらなければ……不可能である……生産様式全体を変革する手段として、避けることのできないものである」（『共産党宣言』、マルクス・エンゲルス全集第四巻、四九四頁）。

「プロレタリアは国家権力を掌握し、先ず第一に生産手段を国有財産に転化する。しかもこうすることによって、プロレタリアートとしての自分自身を止揚し、一切の階級差別と階級対立を止揚する」(『空想より科学へ』、マルクス・エンゲルス選集第一二巻、一二七頁)。

(2) 「われわれが国家権力をにぎったときに、大土地所有者にたいしてやらなければならないように、小農をも力づくで収奪するなどということは、とうてい考えられないことも、同様にはっきりしている。小農にたいするわれわれの任務は、なによりも、力づくではなく、実例とそのための社会的援助の提供とによって、小農の私的経営と私的所有を協同組合的なものに移行させることである。……同時に社会の総指導部には、農民協同組合をしだいにより高い形態に移行させ、その協同組合全体および各組合員の権利義務を、大共同社会のその他の諸部門のそれと均等化させるのに必要な影響力が確保される」(『フランスとドイツにおける農民問題』、マルクス・エンゲルス全集第二二巻、四九四〜五頁)。

(3) 社会党・社会主義理論センターが発表(七・二六)した文書『社会民主主義とは何か』も、「社会民主主義の経済は、「市場経済を基本とした民主的な混合経済」と規定し、また「生産手段の機械的な国有化や中央集権的な計画化には反対する」として、私有を中心とする事実上の〝所有の多様化〟を主張している。

(4) スターリンについても誤解があるようである。かれも法律的表現としての所有関係ではなく、経済的実在としてのそれが、生産関係の基本をなし、生産関係の状態を決めると述べているからである。

「生産力の状態が、いかなる生産用具をもって人間は自分に必要な物質的財貨を生産するか、という問題にこたえるものとすれば、生産関係の状態は、他の問題、すなわち、生産手段をだれが所有しており、生産手段をだれが支配しているか、全社会が支配しているか、それとも他の個人、他の集団、他の階級を搾取するためにそれを利用する個人、集団、階級が支配しているか、という問題にこたえるものである」(『弁証法的唯物論と史的唯物論』、国民文庫、一二七頁)。

(初出、「社会主義」、一九九〇年、一〇月増刊号)

Ⅳの〈付〉　キューバへの期待

もう一年以上前になるが、フィデル・カストロ国家評議会議長が、国家元首としての地位から正式に引退を表明し（二〇〇八年一月一九日）、ラウル・カストロが、その後任に就いたことに関連して、ブルジョア・マスコミは、その本性丸出しに、所詮は「院政」にすぎないと揶揄しつつ、次のように論評している。

「今回の国家評議会の顔ぶれを見ると、暫定的な『院政』が正式の形になったといえる。／ラウル氏は暫定的な権力委譲の当初は現実路線へのかじ取りが期待されたが、目立った指導力はみせていない。／一党独裁下で思想統制や人権抑圧を続けていては、キューバに未来はない」（「朝日新聞」、二〇〇八・二・二七、社説）。

なお、ここで一言補足しておけば、社会主義政権下の政党が、単独か複数かは、その国その時の歴史的・社会的諸条件のいかんに依ることであって、それ自体が民主主義的であるか否かの尺度となるものではないことは、本誌の読者には説明を要しまい。

ところが、同じジャーナリストでも、社会主義の現実を素直に直視できる眼をもっている人物―もっとも、このことが、末長く可能であるためには、正しい理論的裏付けが必要だが―の論評は、先のプロレタリア社説とは、まったく対照的である。

「その（二〇〇三年）ころ、私はまだキューバについて正しい知識がなく、キューバのイメージは、『社会主義＝国民の自由がない』、〈テロ支援国家〉、〈威圧的なカストロ〉の存在と戦闘服―など…。芳しくないイメージばかりを抱かされてきた。しかし、この国に足を一歩踏み入れたとたん、私の先入観は打ちくだかれた。陽気な笑い声と街中で見られる人間的な情景、勤勉で規律正しく生きる気高く活力あふれる人々。キューバを訪れたことで、私の人生観は大きく変わった。経済困難の下で物資不足に悩まされる貧しい暮らしを強いられながら、その背後にある『豊かな暮らし』。そこには、人々が惜しみなく愛を注ぎ合い、知恵を出し合って生きる『本当の幸せ』があった」(吉田沙由里『小さな国の大きな奇跡』、WAVE出版、二〇〇八年、四〜五頁。ゲバラの愛娘・医師アイダの特別寄稿付き)。

「国民は教育・医療・福祉などを無償で受けることができ、最低の生活費は所得として得ている。そして、年金暮らしや妊婦、また生活困窮者などには、それぞれの地区に設けられた食堂で、ただ同然で朝昼晩の食事が取れるようなシステムもあり、ひとり暮らしの高齢者は養護施設で保護される。また亡くなった後の葬式や墓代などもすべて無償である。そのため、日本人が通常、人生設計のために必要とするお金を必要としない」(同、五五頁)。

「キューバを知ることで、私の世界観も変わった。キューバを知ることで、地球の裏側で起こっている理不尽を知ることにもなった。キューバが革命を経て改革を目指し、社会主義を選択した理由は、人として生きるための権利の奪取、すなわち人間が人間らしく暮らすための人間国家の建設を目指したものであり、それらはキューバ人の並々ならぬ団結力によって支えられてきたのだ」(同、二一八頁)。

キューバは、今年二〇〇九年で、革命五〇周年を迎えた。しかし、先輩ソ連は、七〇年余にして「崩壊」(反革命)した。社会主義キューバにとって、これからが、いわば正念場である。ここを乗り切って、さらに前進し続けるための決定的要件は、やはり何といっても、社会主義建設を指導する任務を負う党の力量とその強化いかんであろう。

そのためには、第一に、党内(とりわけ、その中枢部)における理論的・思想的な鍛錬と研鑽、第二に、党内民主主義の徹底と維持・強化、そして第三に、社会主義とは「階級闘争の終了ではなく、新しい形でのその継続である」

（全集、第二九巻、三八二頁ほか）というレーニンの遺訓を、片時も忘れないことであろう。このことがまた、ソ連・東欧の「崩壊」から学ぶべき教訓でもある、と考える。一言でいえば、要するに、〝初心忘るべからず〟である。そうであれば、たとえ当分、経済建設は亀の歩みであっても、国民の圧倒的な支持と信頼のもとで、社会主義キューバは、われわれの、そして世界の期待と希望の星として、ますます輝き続けるに違いない。

（初出、「旬刊・社会通信」、一〇五五〈二〇〇九・九・一〉号）

〈補注〉 キューバ社会主義の最新の状況については、滝野忠「思想が武器に勝った―キューバとアメリカ(1)―」（「旬刊・社会通信」、一一九一号）以降の連載論文参照。

あとがき

本書は、世界史的尺度でみれば、資本主義か社会主義かを、依然として、最大の争点とする現代——この現代をめぐる、主として経済的な理論的諸問題について、その折々に書いてきた論稿を一書に纏めたものである。

この間、世界史上、最大といって過言ではない大激動があった。一九九一年のソ連・東欧の〝崩壊〟（反革命）である。これによって、第二次世界大戦後、社会主義と資本主義の体制間対立・競争（「冷戦」）の時代が、いったん終了して、アメリカを中心とする資本主義（帝国主義）による世界の〝専一的支配〟が新たな形で復活し、世界史の歯車は、おおむね七〇年余り逆戻りした。この意味で、現代は、世界史的な一大反動期の渦中にある。「市場経済」礼讃の国際的風潮も、その象徴的な理論的な一反映といってよい。

この大激動は、多分に〝自壊〟性の極めて強い反革命であったことも否めない。社会主義の建設、発展の過程で生じた諸矛盾と課題を解決するのに、社会主義の原則と基本を堅持しつつ打開するのではなく、そこから逸脱した方向、一言でいえば、社会民主主義的方向に変質することによって、事実上、資本主義復活の道へ進んでしまった。マルクス・レーニン主義の〝創造的発展〟という名のもとに、理論面でも、資本主義の再復活を事実上推進し、正当化する風潮が急速に拡がっていた。崩壊〝前夜〟に執筆した一連の論稿、本書の第Ⅳ部にも、そうした理論的傾向の一端が、十分窺われよう。

第Ⅰ、Ⅱ、Ⅲ部には、現代資本主義を巡る論稿を集めた。Ⅰ、Ⅱ部は、国家独占資本主義としての現代資本主義の基本構造と歴史的特徴、ならびに、その比較的近年の動向と展望に言及した諸論稿である。Ⅲ部は、現役時代の専攻分野でもあった、現代財政に関する諸論稿である。国家財政は、社会の下部構造（経済）と上部構造（中心は国家・政治）との、いわば〝接点〟に位置するだけに、マルクス主義の理論を総体として把握するうえで、恰好の学習対象ともいえる。

現代資本主義としての国家独占資本主義も、延命し続けるかぎり、その一般的な歴史的・本質的特徴と基本構造に変りはなくても、経済政策基調をはじめ、具体的な諸態様は、これまでもそうであったとおり、内外の諸条件の変化に対応して、再編と変容を繰り返すであろう。

そしてその中で、多くの場合、投資マネーによる投機とその破綻（〝バブル崩壊〟）を引金とする恐慌を繰り返しながら――同時に、長期〝デフレ〟に示されるように、恐慌の慢性化という現代的傾向を内包しつつ――、資本主義の矛盾と危機、混沌と「寄生性・腐朽化」を、総体として、ますます深めるに違いない。詰る所、『資本論』がいう「資本主義的蓄積の一般的法則」――〝一極における富の蓄積と対極における窮乏の蓄積〟――の現代的貫徹である。

本論文集のタイトルを「現代と『資本論』」としたのは、『資本論』の理論と方法が、広義の現代をめぐる諸問題を正しく理解するうえでも、そのあらゆるケースにおいて、決定的な理論的キーをなす、という確信の故である（『資本論』の理論的要点と全体像については、岩波文庫版、第九分冊所収の訳者・向坂逸郎「解題」参照）。本書収録の全論稿が、『資本論』の理論と方法の現代への適用といってもよい。「広さと奥底の計れない天才の思考力」の産物としての「『資本論』の歴史的社会的分析の方法は、人類のいかなる社会の運動法則の研究にも、指針となるものであることを忘れてはならない。『資本論』は、自然と社会に関する真実の科学書とともに、古くして、つねに新しい本なのである」（『資本論』発刊一〇〇年記念版、全三巻・全四冊、一九六七年、岩波書店、訳者・向坂「まえがき」）。

本書の出版は、時潮社の相良景行社長のご厚意に依っている。また、原野人、滝野忠、同夫人・滝野嘉津子の諸氏には、ご多忙な中、何かとお世話になった。厚くお礼申し上げる次第である。

二〇一五年九月

著者略歴：小林 晃（こばやし・あきら）

1936年生まれ

神奈川大学名誉教授

1959年　九州大学経済学部卒業、64年同大学院修了

主な著作

『日本経済論』（共著）法律文化社、1968年

『マルクス主義財政論』新評論、1980年

『現代財政論』（初版）新評論、1976年

『大系・国家独占資本主義』第4巻（共著）河出書房、1970年、続・第3巻、1977年

『財政学要説』税務経理協会、1992年

『現代租税論の再検討』税務経理協会、（初版）1998年、（増補版）2000年

『マルクス・資本論抄』（共訳）河出書房新社、1969年

G・H・ピーターズ『金融と財政の理論』（共訳）ミネルヴァ書房、1970年

『ソ連・東欧社会主義崩壊の原因と教訓』（共著）社会主義協会、1993年

『現代の改良主義批判』十月社、1987年

その他多数。

現代と『資本論』

2015年9月15日 第1版第1刷　定　価＝3000円＋税

著　者　小　林　　晃 ©

発行人　相　良　景　行

発行所　㈲　時　潮　社

174-0063 東京都板橋区前野町 4-62-15

電 話 (03) 5915-9046

FAX (03) 5970-4030

郵便振替　00190-7-741179　時潮社

URL http://www.jichosha.jp

E-mail kikaku@jichosha.jp

印刷・相良整版印刷　製本・仲佐製本

乱丁本・落丁本はお取り替えします。

ISBN978-4-7888-0704-4